保育現場の
人間関係
対処法

事例でわかる！
職員・保護者とのつきあい方

中央法規

はじめに

　乳幼児期にふさわしい生活とそこから得られる学びによって子どもの生涯にわたる土台を作り、家庭や地域の子育てを支える保育・幼児教育の重要性はますます高まっています。子どもを健やかに育み、家庭や地域の子育てを支えるには、「保育の質」を保つことが必要不可欠です。そして、「保育の質」とは、「保育者の質」に他なりません。

　「保育者の質」は、専門職としての知識・技能、倫理観や人間性などによりますが、それらは、保育者自身が心身ともに健やかでなければ発揮することができません。しかし、質の高い保育者であろうと努めていても、保育現場にはさまざまなストレスがあり、その重さが保育者を押しつぶしてしまう現状もあります。現在、大きな課題となっている保育士不足の背景には、処遇の悪さや仕事の負担の大きさなど、保育者が笑顔で働きづらい保育現場の実態があります。

　保育者が笑顔でいきいきと働けなければ、子どもや保護者を笑顔にすることは難しいでしょう。特に身近な大人が機嫌のよい状態であることが、子どもの情緒の安定や自己肯定感にとって大きな影響をもたらします。

　そこで本書では、保育所・幼稚園・認定こども園等の保育現場で保育者のストレス要因となりがちな、「職員との関係」と「保護者との関係」に焦点を当て、具体的な事例を挙げて、その対処法を示しています。対処法といっても、本書の内容が唯一の正解というわけではありません。また本書では、「コラム」で保育経験者・現役保育者からのアドバイスを紹介しています。本書をヒントにして、自分自身の気持ちや他の職員や保護者の気持ちに気づき、今より少しでも風通しのよい温かなかかわりを模索してもらいたいと考えました。そして、この本を手に取ってくださった方々が、保育現場で、笑顔で、自分らしく、働き続けられることを願っています。

砂上史子

目次

はじめに

007　第1章　保育者を取り巻く現状とストレス

008　1　続けたくても続けられない―保育者不足の現状と要因―

010　2　保育者のストレス―さまざまな負担が保育の質を脅かす―

012　3　憧れの保育の世界、こんなはずじゃなかった!?
　　　　―初任保育者が出会う戸惑いや不安の正体―

014　4　職員との関係
　　　　―職員間の「いじめ・いやがらせ」調査からの示唆―

016　5　保護者との関係
　　　　―多様な保護者、「気になる保護者」とのかかわり―

018　コラム①　それぞれの保育者歴と保育観

019　第2章　保育における感情労働

020　1　保育者の感情労働―保育者の専門性であり、ストレス要因でもある―

022　2　保育者の感情リテラシーの重要性
　　　　―感情の役割と、感情を健やかに保つ重要なスキル―

024　3　バーンアウト（燃えつき）とその予防
　　　　―過度のストレスによる消耗・疲弊状態―

028　コラム②　仕事を楽しもう！

029　第3章　職員との関係におけるストレスとその対処法

030　保育者にとっての職員との関係

032　事例1　【初任保育者】いろいろ聞きたいけれど、誰に聞いたらいいの？

036　事例2　【初任保育者】できなくて当たり前というけれど…

040　事例3　【初任保育者】子どもの対応を話し合いたいけれど、言い出せない

044　事例4　【中堅保育者】自分が思うような保育をやらせてもらえない

048　事例5　【中堅保育者】学年主任を任されたけれど、うまく学年を運営できない

052　事例6　【中堅保育者】育児休業から復帰したけれど、思うように仕事ができない

056　事例7　【ベテラン保育者】支援を要する子どもがいるクラス運営が難しい

060　事例8　【ベテラン保育者】園内研修のリーダーシップをうまくとれない

064　事例9　【ベテラン保育者】園長先生の考えと同僚の思いのずれを、
　　　　　　うまく調整できない

068　事例10　【園長先生】初任保育者が体調不良で出勤できなくなってしまった…

072　事例11　【園長先生】保護者の思いをどのようにベテラン保育者に伝えたらいい？

076　事例12　【園長先生】いろいろやってあげているのに、
　　　　　　園長が勝手に決めてしまうと言われる

080　コラム③　手本となる先輩を見つけよう

081　第4章　保護者との関係におけるストレスとその対処法

082　保育者にとっての保護者との関係

084　事例1　【若手保育者】いじめと遊びの境界線はどこ？

088　事例2　【若手保育者】子育てについては全部、園にお任せなの？

092　事例3　【若手保育者】仕事を優先せざるを得ない気持ちはわかるけど…

096　事例4　【若手保育者】子どもが噛まれていたことを知らずに降園させてしまった！

100	事例5	【男性保育者】「男性保育者は…」って言われるのは、悲しい…
104	事例6	【ベテラン保育者】初任保育者だってがんばっているのに…
108	事例7	【園長先生】子どものために発達相談に行ってほしいけれど…
112	事例8	【園長先生】ママ友とのトラブルが原因で転園したい!?
116	事例9	【地域子育て支援者】おしゃべりに夢中で子どもを見ていない！
120	事例10	【地域子育て支援者】食事のアドバイスをしただけなのに…
124	事例11	【地域子育て支援者】次にいつ会えるかわからないから、 親子への支援が難しい

128 コラム④　保護者対応は、最初が肝心

129　第5章　保育者のストレス対処とキャリアデザイン

130　1　ストレスとうまくつきあおう―ストレスとその対処法―

132　2　自分の体の声を聞こう
　　　　―「今ここ」の身体感覚に注意を向けるマインドフルネス―

134　3　自分の気持ちに気づこう―アサーションの3つの自己表現―

136　4　自分の気持ちに素直になろう―アサーション度チェック―

138　5　子どもとの絆を深めよう
　　　　―CAREが大切にする3つのコミュニケーション―

140　6　保育者の成長とキャリアデザイン

142　7　人生における役割の変化と保育者としてのキャリアデザイン

144　8　長期的な視点から人生の「今」を考える

148　9　多様な道筋を視野に入れる

150　コラム⑤　起業の良さとは？

151　文献

第 1 章

保育者を取り巻く現状とストレス

···········

保育者の人材不足や離職率の高さには、特有のストレスが要図の一つとしてあげられます。まずは、保育者を取り巻く現状とそのストレスを解説します。

1 続けたくても続けられない
—保育者不足の現状と要因—

> 「待機児童問題」の背景

　保育所に入りたくても入れない「待機児童問題」は、都市部を中心に深刻な状況が続いています。2017年4月1日の全国の待機児童数は2万6081人で（前年より2528人増加）、待機児童のいる市区町村は全国で420市区町村（前年より34市区町村増加）となっており、9年連続で2万人を超えています（厚生労働省, 2017a）。

　「待機児童問題」に対して、政府は「待機児童解消加速化プラン」（厚生労働省, 2013）により、保育所やその定員を増やして保育の受け皿を確保するための取り組みを行ってきましたが、解消の見通しが立っていません。そこで政府は新たに2017年6月に「子育て安心プラン」（内閣府, 2017）を発表し、さらなる保育の受け皿の確保を行おうとしています。その背景には、保育を担う保育士が不足しているという問題があります。保育士の有効求人倍率は、2016年11月で2.34倍と高い水準にあり、待機児童の多い東京では5.68倍にもなっています（厚生労働省, 2017b）。

現在、国全体で必要な保育士の数は、平成29年度末において46.3万人とされ、このうち新たに必要となる保育士の数は6.9万人とされています（厚生労働省，2015a）。このため国では、2015年から「保育士確保プラン」を開始し（厚生労働省，2015a）、合わせて2017年1月から3月には「保育士確保集中取組キャンペーン」（厚生労働省，2017b）も実施するなどして、保育士の確保に取り組んでいます。

保育者の離職とその要因

では、なぜ保育士が足りないのでしょうか。

保育士不足の背景には、保育者の離職率の高さが指摘されています。保育者の離職率は10.3％で、そのうち2年未満の離職率は14.9％です。また、勤務年数は7年以下が全体の半数を占めています（厚生労働省，2015b）。幼稚園教諭でも勤務年数は平均10.3年と、小・中学校教諭などと比べて短いことが指摘されています（文部科学省，2013；厚生労働省，2015b）。

保育者の離職の要因としては、子どもを守り育てる専門職であるにもかかわらず、給与が低いなどの処遇の悪さや、仕事上のさまざまなストレスなどが指摘されています。疲労しストレスを抱えながら、処遇の悪い状態にある現代の保育者は「報われない専門職になりつつある」ともいわれています（垣内，2015）。保育士の給与面の処遇については、平成29年4月から実施の国の新制度において、すべての保育士等の給与を2％改善（月額6000円程度）するほか、「技能・経験に応じた処遇改善」によって月額5000円から4万円の給与改善が行われることになりました（厚生労働省，2017b）。

このように、処遇面の改善は進んでいますが、仕事上のさまざまなストレスについては、個別的には、個人や組織における取り組みによる対処が求められるといえます。中でも職場の人間関係から生じるストレスは、相手があることから、自分自身ではコントールしづらく、解決しにくいものです。そこで本章では、保育者の仕事上のストレスに焦点を当てて考えます。

2 保育者のストレス
―さまざまな負担が保育の質を脅かす―

[保育者のストレス]

「どのような仕事にもストレスはある」と言ってしまえばそれまでですが、保育者は仕事上さまざまなストレスに出会い、ストレスを抱えながらも仕事をしています。ストレスとは、身体的、心理的な安定を脅かすような事態を総称するものです(玉瀬, 2004)。そしてそのような事態を引き起こす要因を「ストレッサー」と呼びます。ストレスは、「負担(感)」や「困難(感)」とほぼ重なるといえるでしょう。

全国の3万人の保育者を対象に実施した大規模調査(東京大学発達保育実践政策学センター, 2016)によると、保育者の職務負担感のなかでも、園長、主任、担任保育者のいずれにおいても共通してワースト3となった項目は、「事務作業の多さ」「仕事の責任の重さ」「保育者の不足」でした。前節で述べた「保育士不足」の現状が、保育者の負担につながっていると考えられます。

保育者の負担感と保育の質

さらに同調査によれば、保育者の職務負担感は大きく「労働・待遇にまつわる負担感」「園内の人間関係にまつわる負担感」「子ども・保護者対応にまつわる負担感」「素材教材や研修時間の不足にまつわる負担感」の4種類（因子）に分類されます。このうち、1・3・5歳児クラスの担任保育者が最も強く認識していた「事務作業の多さ」などの「労働環境・待遇にまつわる負担」は職務満足感（職場や仕事に対する満足感）の低さに関連し、「子ども・保護者対応にまつわる負担感」「素材教材や研修時間の不足にまつわる負担感」は受容・共感といった「担任保育者の関わりの質」の低さに関連します。つまり、保育者が感じている負担感は、子どもに対する適切できめ細やかなかかわりをしづらくし、保育の質の低下を招くといえます。

したがって、保育者のストレスを和らげること、保育者がストレスに対処する術を身につけることは、保育の質を保ち、向上させていく上で必要不可欠といえます。

保育者のストレッサーとしての職場の人間関係

保育士資格を有しているけれども、現在保育士として働いていない「潜在保育士」は、全国で76万人にも上るといわれています。潜在保育士の復職に向けた調査によると（株式会社ポピンズ, 2015）、潜在保育士が離職した理由のうち、職場環境に関する要因では「人間関係」が最も多く（26.5%）、再度保育士として就労する際の職場環境に関する不安要素にも「園内の人間関係」（28.2%）が挙げられています。また、「園内の人間関係」が、保育者がバーンアウト（燃えつき）に至る要因の中でも大きなストレス源であること（宮下, 2010）が指摘されています。

したがって、保育者の離職を食い止め、潜在保育士が再度就労することを後押しするためにも、職場の人間関係に関するストレスを和らげ、職場におけるよりよい人間関係を育む対応や関係づくりが非常に重要といえます。

3 憧れの保育の世界、こんなはずじゃなかった!?
―初任保育者が出会う戸惑いや不安の正体―

初任保育者が直面する「リアリティショック」

「子どもを笑顔にできる保育者になりたい!」「子どもと一緒に園庭を思いっきり走り回って、元気に保育したい!」など、こんな保育がしたいと夢と希望を抱いて保育の世界に足を踏み出した初任保育者の多くが、実際に働き始めると、就職前に抱いていた期待や願望と就職後に実際の職場で直面する現実とのギャップによって戸惑いや不安を感じ、葛藤します。これらの葛藤は、「リアリティショック」と呼ばれています（シャイン, 1991；谷川, 2013）。

待機児童問題をめぐる「保育士不足」の原因の一つとされている保育士の離職のなかでも、就職後間もない早期の離職には、この「リアリティショック」に関連があるともいわれています。

「リアリティショック」の正体

初任保育者の「リアリティショック」の具体的な内容には、仕事量の多さ、

子どもへの対応の難しさ、保護者対応の難しさ、園内の人間関係の問題などがあります。なかでも、保護者や同僚・上司などとの対応におけるストレスは、時に子どもへの対応の難しさよりも大きなストレスとなります。これらのストレスを乗り越えることが難しくなると、初任保育者は保育者としての自分に自信を失ったり、保育の仕事にやりがいを感じられなくなる事態に陥り、バーンアウト（燃えつき）や早期離職につながる場合もあります。

　一方で、「保育環境の質の良さ」とともに、「保育士経験の長さ」が1歳児のよりよい発育状況に関連することが指摘されています（藤澤・中室, 2017）。保育者が長く仕事を続けることは、保育の質の維持・向上につながるといえます。そのためにも、新人保育者のリアリティショックを和らげ、それを乗り越えるための方策が必要となります。

「リアリティショック」を乗り越えるための方策

　「リアリティショック」にかかわる保護者対応や、園内の人間関係、仕事とプライベートの両立などは、実際に保育者として働いてみて初めて本格的に直面する事柄であり、個々の職場によって実態が多様です。また、それに対する対応も、保育という仕事がそうであるように、「マニュアルがない」中で、唯一の「正解」を当てはめるのではなく、それぞれの状況の中で「最適解」を生み出すことが求められます。

　したがって、初任保育者の「リアリティショック」を軽減し、乗り越える方策としては、できるだけ具体的な事例に多く接し、「自分だったら…」と自分の身に置き換えながら、実際の状況を想像して多様で柔軟な考え方や対応の仕方を身につけることが挙げられます。保育者として働く中で感じるストレスや、身体や心に表れる症状について、科学的な根拠に基づいて正しく理解したり、対処法を実践したりすることで、それらと適切に向き合い、乗り越えることができます。同時に、先輩保育者や管理職が、初任保育者を支える組織づくりも必要不可欠です。

4 職員との関係
―職員間の「いじめ・いやがらせ」調査からの示唆―

保育現場における職員間の「いじめ・いやがらせ」調査

　保育の低年齢化、長時間化に伴い、保育現場の職員集団の規模は大きくなり、勤務体制も複雑になっています。だからこそ、引き継ぎ等の職員間の連携・協力がより重要になってきています。しかしながら、職員間の人間関係が良好ではない保育現場も少なくありません。

　「保育者のストレスと職場との関連」を明らかにする目的で実施されたある自治体の調査（重田, 2010）では、職員間のいじめの多寡と職場運営・職員関係の関連を示唆しています。具体的には、「職員間の『いやがらせ・いじめ』を見たり聞いたりしたことがありますか」という質問に対する「いじめあり」と回答した保育者の多さ（「いじめあり」率の高さ）によって保育所を「多い」「少ない」に分けて比較したところ、「多い」グループと「少ない」グループの間で、図1-1のような違いがみられました

　「いじめあり」が多い保育所では、「所長の意見が強く通る」一方、「会議で自由に意見が言える」などと感じている保育者が少なく、保育での上司・同僚

●保育者を取り巻く現状とストレス

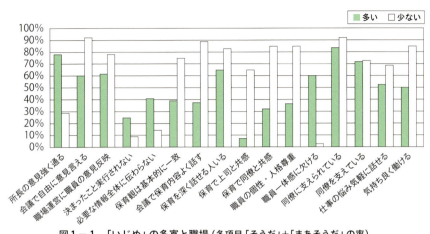

図1-1 「いじめ」の多寡と職場（各項目「そうだ」+「まあそうだ」の率）
出典：重田博正『保育職場のストレス―いきいきとした保育をしたい！』かもがわ出版、2010年、56頁

との共感や職員同士の一体感があるとする保育者も少ないという特徴があります。対して「いじめあり」が少ない保育所では、「会議で自由に意見が言」え、「保育観は基本的に一致」しており、ほとんどの保育者が保育での上司・同僚との共感や職員同士の一体感があると感じているという特徴があります。

職員の人間関係づくりと管理職の役割

　これらの調査結果から重田（2010）は、職場づくりのポイントとして、「職場運営の民主性」「職員の個性・人格の尊重」「保育観の共有と職員間の共感」を挙げています。これらのポイントを職場づくりに反映させる大きな役割を担うのは、園長（所長）などの管理職です。
　東京大学発達保育実践政策学センターの調査（2016）では、職員が意見等を出しやすい雰囲気をつくるなどの「組織の運営・園の風土」の向上に園長が積極的に取り組んでいると、担任保育者の「人間関係にまつわる負担感」などが低くなり、職場満足感が高いことが明らかになっています。組織運営や職員間の人間関係に対する、園長など管理職のマネジメント力が非常に重要であるといえます。

5 保護者との関係
―多様な保護者、「気になる保護者」とのかかわり―

子育て支援の重要性と保育者のストレス

　子どもの保育と並んで、子育て支援は保育者の重要な職務です。
　保育所保育指針（厚生労働省, 2017）では、保育所における子育て支援に関する基本的事項として、「保護者に対する子育て支援を行う際には、各地域や家庭の実態等を踏まえるとともに、保護者の気持ちを受け止め、相互の信頼関係を基本に、保護者の自己決定を尊重すること」とあります。保護者に共感的に寄り添い、信頼関係を構築し、自己決定を尊重する…と、言葉ではわかっていても、それを実践することの難しさは多くの保育者が日々感じているところでしょう。「対応が難しいと感じる親」とのかかわりで保育者が感じる対応困難感が、心理的脅威となること（神谷, 2013）が指摘されています。

多様な保護者への支援

　社会の変化によって家庭や地域のあり方も大きく変わり、保護者の姿やニーズも多様になってきています。そのような状況において、保育者にとって

「気になる保護者」に出会うことも多くなっているといえます。

久保山ら（2009）が幼稚園教諭・保育士を対象に行った質問紙調査の結果では、「気になる保護者」の主な特徴として「しつけや関わり方」「子どもに関して無関心、放任」「保育者の話が伝わらない」などが見出されています。これらの保護者の背景には、育児不安などの直接子育てにかかわる問題だけでなく、経済的困窮、親の精神疾患など親や家庭が抱える問題が存在し、それらが複雑に絡み合っているといえます。また、「ママ友」と呼ばれる（實川, 2017）園の保護者同士の関係構築やそのトラブルへの対応が保育者に求められることもあります。このように、事態がすぐには解決せず、粘り強く、細やかな配慮をもってかかわることが求められる保護者への支援は、保育者にとって大きなストレスとなります。保育者個人で保護者対応を背負うことのないよう、保護者を支援する保育者を支援する園内、園外の体制づくりが必要不可欠です。

なお、保育者が保護者に対して感じる難しさは、経験を積むことで「伝えたいことが伝わらない相手」から「子育てに不安を抱えている保護者」と変化することが明らかになっています（衛藤, 2015）。したがって、保護者とのかかわりにおけるストレスへの対処やそのための支援は、経験年数を考慮して検討することも必要です。

地域子育て支援における困難感

子育て支援では、未就園の親子も対象となります。認定こども園では地域の親子への子育て支援が義務づけられており、幼稚園や保育所でも、地域の親子が集う広場事業や、保育者等による育児相談などが多くの園で実施されています。

地域子育て支援では、「毎日会える親子ではない」といった特有の困難感があり、相談や親同士の橋渡しで感じる困難感が「子育ての多様さ」によってさらに複雑になることが指摘されています（實川・砂上, 2017）。

保育経験者・
現役保育者からの
アドバイス

コラム 1

それぞれの保育者歴と保育観

私立幼稚園園長
保育者経験17年

　私が園長に就任した10数年前は、保育者の残業は当たり前で、特に行事前は遅くなる傾向がありました。そこで、園長の私が率先して帰宅することにより、若い保育者も帰りやすい雰囲気になるよう、心がけてきました。現在では、保育者が残業しなければならない要素を減らすため「本当に必要なことは何か」を園内研修の議題に挙げています。

小規模保育園勤務
保育者経験10年

　私は、一般企業で事務職として勤務後、国内外の幼稚園や保育園数か所で働いてきました。多くの保育現場を経験して感じるのは、場所ごとに子ども観が少しずつ異なり、それが保育に影響しているということです。そこでは当然として行われていることも、「それは本当に子どものため？」という疑問を抱きながら試行錯誤を繰り返してきました。

第 **2** 章

保育における
感情労働

・・・・・・・・・・・

近年、保育などの対人援助の現場では、感情
労働という概念が注目されています。この概
念を理解することで、感情の重要性を踏まえ
たバーンアウト（燃えつき）の予防につなげ
ることができます。

1 保育者の感情労働
―保育者の専門性であり、ストレス要因でもある―

感情労働とは何か

　皆さんは「感情労働」という言葉を知っていますか？　医療や福祉、教育といった対人援助の分野では、現在、「感情労働」という概念が注目されています。人とかかわる仕事では、仕事の中で多様な人間関係や感情を経験します。その際、職業人としての感情の内容や表し方には、一定の「望ましさ」が求められます。例えば、「白衣の天使」という比喩に象徴されるように、看護師は慈愛に満ちた存在であり、落ち着いた態度で献身的に患者に接するものだというイメージがあります。保育士や幼稚園教諭は、「明るく元気」というイメージで語られることが多く、そのような姿が期待されている側面もあります。他方では、「冷静沈着」であることが求められる職業もあります。

　このような、職業上適切とされる感情の内容や表し方は「感情規則」と呼ばれ、この規則にしたがって感情を制御・管理することを、社会学者のホックシールドは「感情労働」という概念で表しました（ホックシールド, 2000）。感情労働は、「表層演技」と「深層演技」に分けられます。前者は、自分の感情を隠し

てその場の状況や関係において望ましい感情を演じるものであり、後者は、自分の感情自体を望ましい感情に変えるものです。人とかかわる仕事においては、誰もが多かれ少なかれ、意識的にせよ無意識的にせよ、これらの感情労働を経験しているといえます。

感情労働としての保育

近年、保育者の感情労働に注目した研究が活発になっています（太田・太田, 2009；諏訪, 2011）。保育の仕事は、さまざまな人間関係を通して営まれています。その中で保育者は、嬉しさや楽しさといった肯定的な感情や、怒りや恥かしさなどの否定的な感情、さらにそれらの入り混じった複雑な感情を経験しています。同時に、それらの感情を、保育者に求められる感情規則にしたがって調整していることから、保育者も日々感情労働を行っているといえます。

保育者の感情労働は、かかわる対象や場面によって異なる特徴をもちます。子どもとのかかわりでは「子どもを叱る」際に真剣な表情を示す力量が求められること、食事などの生活にかかわる場面ではあせりなどの否定的な感情を多く経験することなどが指摘されています（中坪ら, 2011；香曽我部ら, 2011；奈良ら, 2011）。同僚とのかかわりにおいては、職場の保育方針と自身の保育観との不一致がある場合や同僚との関係における感情労働も指摘されています（中坪ら 2011；香曽我部ら, 2011；奈良ら, 2011）。また、対応が難しい保護者に対する困難感が保育者の心理的脅威となって感情演技につながること（神谷, 2013）や、高学歴・高齢出産の母親支援においては、職業人としての感情表出と自らの感情制御にジレンマを感じつつも、母親との関係の深まり等によって、母親への共感が表層演技から深層演技に変化すること（中坪・小川・諏訪, 2010）などが指摘されています。

以上から保育者にとって感情労働は、専門性でもありストレス要因でもあるという両義的な性質をもつといえます。

2 保育者の感情リテラシーの重要性
― 感情の役割と、感情を健やかに保つ重要なスキル ―

> 保育者の感情の重要性

　保育者は自分自身の感情についてよく知り、より良くコントロールするスキルを身につける必要があります。その主な理由は2つあります。

　1つ目は、そのようなスキルは、感情労働に伴うストレスを軽減し、バーンアウト（燃えつき）の予防となるためです。ストレスの軽減やバーンアウトの予防は、保育者の離職の予防にもつながります。

　2つ目は、保育者の感情のあり方が乳幼児期の子どもの発達に大きな影響を与えるためです。平成29年3月31日に告示された保育所保育指針（厚生労働省, 2017）で新たに記載された、3歳未満児の保育のねらい及び内容では、「愛情豊かな受容の下で」「温かく、受容的な関わりを通じて」など、保育者の温かなかかわりが必要であることが繰り返し述べられています。この温かさは保育者の肯定的な感情を伴うものです。

　特に近年、物事に粘り強く取り組んだり、他者と協力したり、前向きな見通しをもったりするといった「社会情動的スキル」（いわゆる「非認知的能力」）

を乳幼児期に獲得することの重要性が指摘されています（池迫・宮本, 2015；ヘックマン, 2015）。子どもが社会情動的スキルを獲得する過程において、保育者は「子どもの感情の調整役」「子どもの感情のモデル」として重要な役割を果たします。これらの役割は、保育者自身の感情を伴う具体的なかかわりを通して実践されるため、保育者の感情のあり方が子どもの発達に重要な影響を及ぼすといえます。

感情リテラシー

感情を自覚したりコントロールするスキルは「感情リテラシー」「情動知能（Emotional intelligence）」と呼ばれます。「情動知能（Emotional intelligence）」（メイヤーら, 1997；坂上, 2002）は、次の4つの能力からなります。

① 感情を正確に知覚する能力
② 特定の感情を促進して思考や行動に活かす能力
③ 感情や感情に関する知識を理解する能力
④ 状況に応じて自他の感情をコントロールする能力

感情リテラシーを高めるには、自分自身の感情に気づき、それを認め、味わうことです。そのためには、毎日一人でほっとする時間をもつ、日記を書く、信頼できる身近な人と話すといったことが重要になります。特に書いたり、話したりといった「言語化」の作業は、自分でも気づかなかった自分の感情に出会ったり、否定的な感情を癒すことにつながります。

感情には良いも悪いもなく、どのような感情も自分自身に必要なものであり、それぞれの役割があります（岩壁, 2014）。感情は自分自身の欲求（ニーズ）に気づかせてくれるものです。自分自身の感情を認めることは、自分をいたわることでもあり、そのことによって感情に適切に対処する心のエネルギーが湧いてきます。

3 バーンアウト（燃えつき）とその予防
－過度のストレスによる消耗・疲弊状態－

バーンアウト（燃えつき）

　保育などの対人援助の専門職では、職務において常に他者に対する配慮や献身的なかかわりが求められることや、責任感の強い人たちが従事する傾向にあることから、「バーンアウト（燃えつき）」が生じやすいといわれています。バーンアウトとは、献身的に働くなかで、過度のストレスによって身体的にも精神的にも疲弊し、仕事への意欲や達成感を失い、対応が非人間的になり（脱人格化）、うつ的な症状を伴うもので、休職や離職の主な原因の一つでもあります。バーンアウトが進行する過程では、怒りっぽくなったり、集中力が低下したり、眠れなくなったりなどの症状が表れます（図2-1参照）。しかし、それでも仕事をがんばり続けることで、バーンアウトに至ってしまいます。

保育者のバーンアウトの要因

　長い保育経験をもつジョンソン（2011）が、自らの体験に基づいて指摘した保育者のバーンアウトの主な要因は、次の10の要因です。

保育における感情労働

■自分以外の人すべてのケアをすること　■不十分な収入

■不十分な報酬と評価で働くこと　■仕事量が多いこと

■結果を確かめられないこと　■過度の身体的負担

■子どもが保育をやめること　■繰り返しが多いこと

■孤立　■無力感

　これらの要因はいずれも、日本の保育者にもほぼあてはまるといえるのではないでしょうか。仕事量の多さ、不十分な給与、職場での人間関係などの要因が絡まり合い、そのストレスが積み重なることによって、保育者のバーンアウトが生じるといえます。

バーンアウトを防ぐライフスタイルと組織

　保育者のバーンアウトを防ぐ方策としては、主に次の3点があります（ジョンソン, 2011 ; 水澤, 2007）。

　1点目は、一息つく時間や十分な休暇など、確実に休息をとることです。2点目は、趣味や遊びのための時間を確保するなど、職業人ではない一個人としての活動や時間を充実させることです。3点目は、素直に自分の感情を表すなど、自分や他者の感情をありのままに認め、他者と分かち合うことです。

　これらの方策は、自分と他者、私生活（個人としての自分）と仕事（保育者としての自分）との間で、適切な「境界」を設け、その境界を守ることを意味しています（図2-2参照）。境界が守られることによって、私生活と仕事の両立が可能となり、「仕事へののめりこみ」「仕事の抱え込み」といった事態を防ぎ、バーンアウトに至らないようにすることができます。

　また、バーンアウトの予防には組織での取り組みが必要不可欠です。特に、園長などの管理職には、組織風土や人間関係のマネジメントが求められます。初任保育者が不安や緊張を抱えたまま仕事をしていないか、中堅保育者が仕事を抱え込みすぎていないか、休暇が取りづらい雰囲気になっていないか等を意識して、管理職はバーンアウトを予防するように努めなくてはなりません。

図2-1 「もえつき」の兆候チェックリスト

☐	ついイライラして、だれかを攻撃してしまう
☐	「だいじょうぶ？」とか「つかれているんじゃない？」と声をかけられると、ムッとする
☐	やらなければならないことを、先延ばしにしがちである
☐	一生懸命やってもなにもかもうまくいかない、と感じる
☐	これでいいのか？　と、自分のやったことに自信がもてない
☐	仕事のことを考えると、ため息がでる
☐	つかれているのに、ぐっすりねむれない
☐	仕事のことが頭からはなれずに、夜中になんども起きてしまう
☐	以前は少し休めば体調が回復したのに、最近は回復しない
☐	しじゅうなんとなく疲れを感じている
☐	体重が急に減った、または増えた
☐	ぼうっとして、思考がまとまらない
☐	気がつくと口をつぐんでいる
☐	なぜ自分だけ一生懸命仕事をしなければならないのか、と不満に思う
☐	人とかかわるのがとても面倒くさい
☐	まわりの人は鈍感、のんき、真剣さがたりないと思う
☐	お酒の量が増えた
☐	大きな音や声に思わずびくっとする
☐	なにかにつけ、自分が責められていると感じる
☐	孤立感を強く感じる

＊上記の5項目以上にチェックがついた人は、「もえつき」を疑ってみてください。

出典：水澤都加佐『仕事で燃えつきないために～対人援助職のメンタルヘルスケア』23頁、大月書店、2007年

● 保育における感情労働

図2-2　適切な境界のチェック

感情の境界
- ☐ 相手の感情にひきずられていませんか？
- ☐ 自分の感情をいつわったり、隠したりしていませんか？
- ☐ 相手の感情にむりにあわせていませんか？
- ☐ こう感じるべきだとか、こう感じてはいけないと、自分を責めていませんか？
- ☐ 相手の感情を自分の思うように変えようとしていませんか？

身体の境界
- ☐ 疲れきってしまうほど仕事をしていませんか？
- ☐ 疲れたら休んでいますか？
- ☐ 自分の安心できる場所や、休める場所がありますか？
- ☐ 自分の身体のSOSに耳を傾けていますか？

責任の境界
- ☐ 他人の負うべき責任や仕事まで、引き受けていませんか？
- ☐ なにもかも自分でやらなくてはならないと思っていませんか？
- ☐ 仕事を分担していますか？
- ☐ 自分で抱えきれない責任について、だれかに相談できますか？
- ☐ 同僚の仕事について口をだしすぎていませんか？

時間の境界
- ☐ 時間をどう使うかを、自分で決めていますか？
- ☐ 自分だけの時間をもっていますか？
- ☐ 職場のルールをやぶって、援助の対象となる人との時間をつくっていませんか？
- ☐ プライベートな時間をたのしんでいますか？

お金の境界
- ☐ 相談相手に、お金を貸してほしいとたのまれたらことわれますか？
- ☐ お金を貸すことが相手を救うことだとは思わなくても、実際に貸していませんか？
- ☐ 自分のために使えるお金をもっていますか？

性的な境界
- ☐ 援助の対象者に、特別な感情を抱いていませんか？
- ☐ 相手が男性か女性かで、あなたの態度にちがいはありませんか？
- ☐ 援助の対象者と身体が接触するくらい近づいていませんか？
- ☐ 援助の対象者を支配しようとしていませんか？

＊あなたがとくに浸食しやすい境界はどれですか？

出典：水澤都加佐『仕事で燃えつきないために～対人援助職のメンタルヘルスケア』82頁、大月書店、2007年

コラム ②

仕事を楽しもう！

企業内保育所勤務
保育者歴27年

　これまでいろいろな保育者を見てきましたが、仕事を長く続けている人は視野が広く、前向きで、いつも楽しいことを考えている気がします。自分自身の「保育」をしっかりもっているからこそ、仕事で嫌なことがあっても、すぐに切り替えができるんですね。これって、保育を楽しんでいるんだと思います。

大学助手
保育者歴10年

　初任者として最初に勤めた幼稚園は先輩と後輩の上下関係が厳しく、いかに上司や先輩に気に入られるかで働きやすさが変わってくる職場でした。結局体調を崩して退職してしまいましたが、外からはいい保育をしていると評判の園でした。園の文化といってしまえばそれまでですが、その文化に慣れることができるかどうかがその職場で働き続けられるかどうかの分かれ目になると思います。

第 3 章

職員との
関係における
ストレスとその対処法

・・・・・・・・・・・

上司や同僚、後輩など、職場で職員との
関係に悩む保育者は多いものです。本章
では、さまざまな立場の職員との関係性
に悩む保育者に、事例を通して対処法を
アドバイスします。

保育者にとっての職員との関係

■ 保育現場の職員組織と内外の人的環境

　保育者にとって「職場環境（特に人的環境）」は、保育を行うだけではなく、自身が成長していく上でも大きな役割を果たします。保育の現場は、保育所、幼稚園、認定こども園など、施設や規模の違いはありますが、職場の人的環境は概ね図3-1のとおりとなるでしょう。園内には上司がいて、先輩の同僚や後輩の同僚がいます。また、保育補助のように保育をサポートしてくれる職員もいます。さらに、園外には職業関係者として、他園の保育者、カウンセラー、講師などがいて、プライベートでは友人、知人、家族などもいます。

　職場内の同僚との関係によるストレスへの対処は、園内の職員だけでなく、園外の人的環境を活用することも効果があります。

■ 職員同士の関係づくり

　同僚との関係によるストレスは、当事者同士の思いのズレによるものが多く、互いに相手の思いを誤解して受け止めることにより生じるようです。解

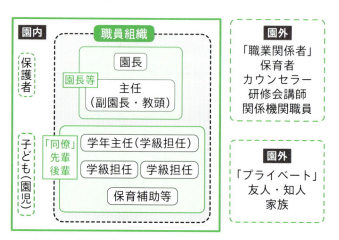

図3-1　職場（園）内外の人的環境（當銀，2017 一部改変）

消するには、話し合う時間を多くもつことが大切ですが、話す時間がなかったり、場の雰囲気で自分の思いをうまく伝えられないことがあります。

そこで図3-2のように、話し合う場として職員会議や学年会などの「フォーマルな場」だけではなく、「インフォーマルな場」を活用してみてはどうでしょうか。同僚との関係性は、思わぬところで深まることがあります。関係が深まることにより、自分の思いを伝えたり、相手の思いに気づいたりすることが容易になります。

■ 職員がかかえるストレスに対する援助

ストレスへの対応は、当事者本人が対処する場合と、周りの職員が動いて当事者を援助する場合がありますが、援助の方法は、当事者が置かれている状況とストレッサーにより異なるでしょう。

当事者を援助する場合には、図3-2のように、「直接的な援助」と「間接的な援助」があり、一つの事例の中にいずれか一方が存在する場合と、両方が存在する場合とがあります。「直接的な援助」では、指導・助言をしたり、一緒に行動したり、後押しすることがあげられます。「間接的な援助」では、当事者を理解してあげること、出来事を共有すること、気づくこと、気にかけること、話しやすい環境づくりなどがあげられるでしょう。本章では、事例を通して、ストレスを抱える職員への援助の仕方について考えます。

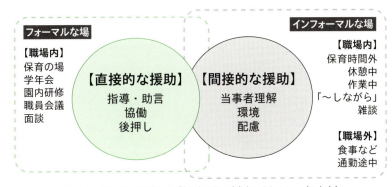

図3-2 「援助の内容」と「援助の場」（當銀, 2017 一部改変）

【初任保育者】いろいろ聞きたいけれど、誰に聞いたらいいの？

　ユミ先生は養成校を卒業し、初めて保育士として保育園に勤務することになりました。勤務の初日、園に着くとすでに子どもたちの受け入れで、先生方はとても忙しそうに動いていました。

　ユミ先生が、近くを通りかかった先生に「あの〜」と声をかけると、「あっ、新しい先生ね」と気づいてくれ、更衣室まで案内してくれました。しかしその先生は「着替えを済ませたら、事務室に行ってね」と言い置いて、どこかに行ってしまいました。

　ユミ先生は急いで着替えを済ませ、事務室（職員室）に行くと、園長先生がいました。ユミ先生があいさつをすると、園長先生はほほえんで「早く仕事が覚えられるように、がんばってくださいね。ユミ先生の担当は〇〇組です」と言われ、保育室まで案内してくれました。

　ユミ先生は、先輩のサチ先生に会釈はしたものの、子どもの受け入れや保護者の対応で忙しそうにしているサチ先生に、なかなか声をかけることができません。しばらく周りの様子を見ていると、サチ先生がやってきて、泣いている子どもの対応をするように言われました。ユミ先生は役割をもらえたことにホッとしたものの、泣いている子どもに一生懸命かかわっても、なかなか泣き止みません。助言を求めようと周りを見回しますが、みんな忙しそうで声をかけられません。どうしたらよいか不安になり、ユミ先生も泣きたい気持ちになってしまいました。

事例の読み解き方　それぞれの立場から考えてみよう

◎初任保育者のユミ先生の気持ち

初任の先生は、新しい職場で初対面の人ばかりですから、あいさつをするのが精いっぱいです。また、職員もたくさんいるので、誰に声をかけたらよいか悩みます。わからないことや困ったことは、自分から聞けばよいことはわかっているのですが、先輩の忙しい様子を見ていると、声をかけづらくなってしまいます。

初めてというのは、自分の行動一つひとつに自信がもてず不安になります。先輩の先生から声をかけてくれたり、一緒に行動してくれたりすると安心して動けます。

◎先輩保育者のサチ先生の気持ち

先輩の立場となる保育者にとって、初任の先生が職場にくるのは嬉しいことです。しかしこの時期はとても忙しく、初任の先生にていねいにかかわる余裕がないのが正直なところです。ですからサチ先生は、ユミ先生にかかわってあげたいけれど、できない状況にあります。またサチ先生は、困ったときはユミ先生自身から聞いてくれることを期待しています。

◎園長先生の気持ち

年度当初の園はとても忙しく、園長先生は、子ども、保護者、職員等、園全体に目を配らなくてはなりません。初任保育者を迎えることを歓迎しつつも、初任者の不安な気持ちのすべてを察して対応することは難しい状況にあります。

ユミ先生への細かい援助や指導は、身近にいる先輩のサチ先生に任せているところもあります。しかし、ユミ先生からわからないことを尋ねられれば、ていねいに対応しようと思っています。

| 対応の 着眼点 | **不安を感じる初任者への対応／ 初任保育者自身の対応** |

◎ 初任保育者に「メンター」をつける

初任保育者は、聞きたいことがあっても、忙しい雰囲気を感じると、周りの職員に対して「今、声をかけてもいいのかな？」「こんなこと、聞いてもいいのかな？」と遠慮せざるを得ません。できれば初任保育者には、話しやすくいつでも相談にのれる先輩をパートナーとして決めてあげるとよいでしょう。このような役割の人を「メンター」と言います。

初任保育者にとって、いつでも相談に乗ってくれる決まった人が身近にいると、それだけで不安感も軽減され、自ら動けるようになるでしょう。また、初任保育者対応をメンターだけに任せるのではなく、メンターを支える管理職や、園全体として気軽に声をかけ合う職員の関係性があることも重要です。

◎ 初任保育者は、自分から身近な先生に声をかけてみる

先輩たちは、「わからないことは、いつでも聞いてね」と言ってくれ、初任保育者から声をかけてくれるのを待っています。聞きたいことは、メモをして整理しておきましょう。

次に、聞くときには「今、ちょっと伺ってもよろしいですか？」「お忙しいところ、すみません」など、ちょっとした言葉を添えるだけで、忙しくても心よく答えてくれるでしょう。教えてもらったら「ありがとうございます」のお礼の言葉も忘れずに。もしかすると、「今は忙しいから、後にしてね」と断られてしまうことがあるかもしれませんが、その時は少し時間をずらして、落ち着いたかなと思うときに再度声をかけてみると、ていねいに対応してくれるはずです。

急ぐ内容であれば、別の先輩や、時には主任保育者や園長先生など、身近にいる職員に声をかけて聞いてみるのもよいでしょう。

◎ **職員全体で、日頃から職員間の関係づくりを意識する**

　みなさんの職場は、黙って黙々と保育をしていますか、それとも言葉を交わしながら保育をしていますか。これは「子どもそっちのけのおしゃべり」とは違い、「情報や出来事の共有や共感すること」であり、大切なことです。

　また、保育者の雰囲気はどうでしょう。忙しすぎて険しい表情をしていませんか。それとも、穏やかな表情をしていますか。保育者は、子どもに対してだけでなく、職員間でも話しやすい雰囲気を心がけることが大切です。

　休憩時間には、保育の話にとどまらず、「〇〇公園の桜がきれいに咲いているわね。今度一緒に行ってみない？」などと日常的な話もできる雰囲気があるとよいですね。もちろん、フォーマルな場とインフォーマルな場と、内容をわきまえなくてはなりませんが、そのあたりを上手に活用して、職員同士の関係性をより良くすることも大切です。

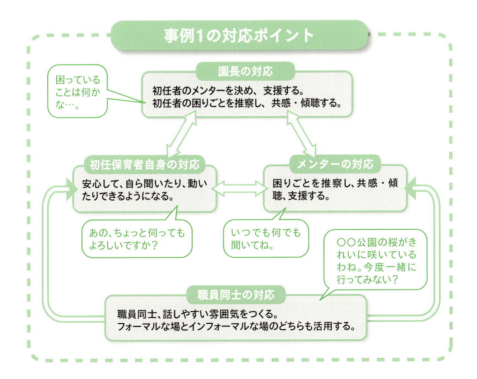

【初任保育者】できなくて当たり前というけれど…

事例2

初任保育者のリカ先生は、3歳児のクラスを任されました。毎日保育を計画し、保育室を準備し、子どもたちを迎え入れます。しかし、子どもたちが遊び始めたとき、どのようにかかわったらよいのか悩んでいました。

　ある日、保育室内を回りながら遊びの様子を見守っていると、一人の子どもが「一緒に遊ぼう」と声をかけてくれました。誘われるまま、その子と一緒に遊んでいたら、別の場所から子どもの泣き声が聞こえました。すぐに立ち上がり保育室を見回すと、ままごとコーナーでケンカが起こっていて、あたりに遊具が散乱していました。まずは急いでケンカの仲裁に入るのですが、なかなか仲直りができません。

　そうしているうちに、別の子どもたちが物を取り合い保育室を走り回っています。とっさに大きな声で注意をしましたが、聞き入れてくれません。ケンカをしている子は大きな声で泣き出すし、物の取り合いもエスカレートし、どうしてよいかわからなくなりました。そこへちょうど主任先生が通りかかり、その場を収めてくれました。

　退勤時、更衣室で主任先生が「今日も大変だったわね」と労い(ねぎら)の言葉をかけたのですが、リカ先生は「申し訳ありません。何もできなくて…」と謝り、思わず涙をこぼしてしまいました。居合わせた先輩の先生もフォローしましたが、リカ先生の涙はしばらく止まりませんでした。

● 職員との関係におけるストレスとその対処法

事例の
読み解き方

それぞれの立場から考えてみよう

◎ 初任保育者のリカ先生の気持ち

リカ先生は、先輩の先生にアドバイスをもらいながら保育を行っていますが、思うようにできず、先生方に常にサポートをしてもらっていることに対して、申し訳なさと情けなさを感じています。先輩の先生方は、「できなくて当たり前」と慰めてくれますが、かえって自分のできなさを自覚することになり、つらくなります。

また、一生懸命がんばってもうまくいかない状況から、子どもたちに毎日振り回されているような気持ちになり、保育に楽しさを感じられなくなっています。

リカ先生は心身ともに疲れがたまり、感情のコントロールができなくなり、涙があふれてしまったようです。

◎ 主任先生や先輩保育者の気持ち

主任先生や先輩の先生方は、自分たちの経験も含めて、初任保育者のリカ先生が保育を上手にできないことを、当然のこととして受け止めています。また、初任保育者の学級の保育には、必要に応じて積極的にサポートに入ることも当然のことと思っています。

ですから、先輩の先生方に支援してもらうことに対し、リカ先生が申し訳なさを感じていることに、戸惑いを感じています。また、リカ先生が少しでも気持ちを楽にできたらと思って行った言葉かけに対してリカ先生が涙を流したことで、何と言葉をかけてあげたらよいのか困ってしまったようです。

対応の着眼点

不安を感じる初任保育者への対応／初任保育者自身の対応

◎園長先生や先輩保育者は、初任保育者の思いを受け止め、良さを発揮できるようにする

　初任保育者は、先輩から助言をもらっても、うまくいかないことが続くと気持ちが落ち込みます。園長先生や先輩保育者が初任保育者を支援しようと頻繁に保育に入ることが、かえって自信をなくす要因になることもあります。

　助言をしたり保育に入った際は、初任保育者と言葉を交わしていると思いますが、初任保育者が自分の思いを話せるように、ゆっくり時間をとる必要があります。そこでは、初任保育者が好きなことや得意なことを聞いて、それらを活かした保育ができるよう、ともに計画を立てて実践してみるのもよいでしょう。初任保育者にとって、小さな成功体験が明日への力になります。

◎園長先生や先輩保育者は、初任保育者が自身の成長を実感できるようにする

　初任保育者は、保育の振り返りの中で反省ばかり語ることが多く、上手にできたところは気づいていないことが多いようです。先輩から、「○○場面の○ちゃんへのかかわり方、とてもよかったわよ」などと、よくできたところを具体的に伝えてあげると、初任保育者の自信につながるでしょう。

　また、失敗は自らの力を発揮して乗り越えることにより、成長を実感できます。そのため、課題解決は初任保育者が自ら考えられるように「△△場面の子どもたちへのかかわりはどうしたらいいかしら？」と具体的に問いかけながら助言するとよいでしょう。

◎初任保育者は、セルフケアを心がける

　がんばり続けると、気づかぬうちに疲れがたまってきます。心身ともに疲れると、「できない」「つらい」という思いから、「私は保育者に向いていない」

「もう無理かも」と思うようになります。そこでまずは、しっかりと休息します。休みの日は親しい人と話をしたり出かけたりして、リフレッシュしましょう。

◎ **職員間で支え合う関係性を作る**

　援助を受けることは"甘え"と、マイナスに捉えていませんか。初任保育者は何を行うにも、考え込んだり、確認をとったりするため、時間がかかります。園長先生や先輩保育者は、初任保育者自身が担当として行わなくてはならない仕事と、誰もが代行できる仕事を仕分けし、職員間で協力して仕事を進めていきましょう。初任保育者は「自分ができること」「自分にしかできないこと」を優先して行い、余裕が出てきたら、周りの先生を支える側に回ります。

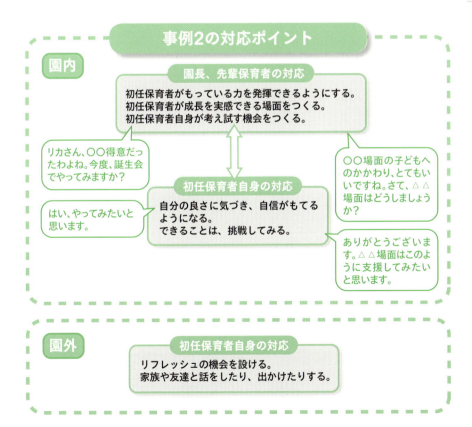

【初任保育者】子どもの対応を話し合いたいけれど、言い出せない

事例 3

　初任保育者のナオ先生は、クラス担任の経験がある非常勤職員のクミ先生とともに、4歳児のクラスを受けもつことになりました。主担任はナオ先生ですが、初任保育者ということもあり、副担任のクミ先生に当初から園生活の流れや具体的な保育の仕方などを教えてもらい、助けられていると感じていました。

　しかし最近、気になることがあります。一つは、クミ先生の声はナオ先生よりよく通り、子どもたちはナオ先生よりクミ先生の言葉かけによく反応します。また、クミ先生はとてもよく気がつき面倒見がよいため、困っている子どもを見ると、子どもが援助を求めてくる前に手を貸してあげたり、子どもが援助を求めてきたらすぐに対応しています。

　ナオ先生は、子どもたちが自分ではなくクミ先生を頼るようになってきたことに、不安を感じるようになりました。また、子どもたちに"もう少しがんばってほしいなぁ"、クミ先生には"もう少し見守ってほしいなぁ"と思うのですが、なかなか自分の思いを言い出せずにいました。

　あるとき、ナオ先生は、遊びが持続しない男児たちのために、段ボールで基地を作り用意しておきました。翌日登園してきた男児たちは、早速その基地で遊び始めましたが、気づくとクミ先生も入って、男児たちと楽しそうに遊んでいました。ナオ先生は自分の思いを理解していないクミ先生に苛立ち、悲しい気持ちになりました。

●職員との関係におけるストレスとその対処法

○事例の
読み解き方 ## それぞれの立場から考えてみよう

◎ 初任保育者のナオ先生の気持ち

　ナオ先生は、一番身近にいるクミ先生にとても助けられていると感謝しています。一方で、ナオ先生は先輩のクミ先生に遠慮をしているところもあるようです。

　ナオ先生は、子ども一人ひとりとかかわり関係づくりをしていくなかで、クミ先生の子どもへのかかわり方が、クラス運営上の課題となっていると感じ始めます。本当は自分の思いを伝えたいところですが、クミ先生は自分より先輩であり、なくてはならない存在であるため、関係が崩れることを不安に感じ、自分の考えを言い出せないようです。

◎ 先輩保育補助者（副担任）のクミ先生の気持ち

　クミ先生は、初任保育者のナオ先生を支えなから、子どもたちに一生懸命かかわっています。クミ先生は副担任として、自ら気づいて保育の援助を行うことや、子どもの求めに応じてきちんと対応することが自分の役割だと思っているのではないでしょうか。

　ナオ先生が、クミ先生の援助は子どもたちの育ちの機会を妨げているのではないかと悩んだり、不安に思ったりしていることに、クミ先生は気づいていないようです。きっと、何かあればナオ先生から言ってくれると思っているかもしれません。

　もしかするとクミ先生は、ナオ先生と連携のための話し合いの必要性を感じながらも、初任保育者で余裕がないナオ先生の様子から、声をかけられないでいるのかもしれません。

| 対応の
着眼点 | **不安を感じる初任者への対応／
初任保育者自身の対応** |

◎ **園長先生や先輩保育者は、初任保育者から話を聞いたり、直接保育の様子を見たり、状況を把握する**

　初任保育者にとっては、ベテランの保育者と組むなど、複数担任制であることは、常に支援者がそばにいることになり、安心して保育ができる環境であると考えられます。しかし、初任保育者が真に安心して保育を行っているのかどうかは、本人から直接話を聞く機会を設けたり、初任保育者の保育を見る時間を設けたりすることにより見えてきます。

　あわせて、初任保育者と組んでいる職員が疲れていないかどうかも確認する必要があるでしょう。同僚が疲れていると、初任保育者に余裕をもってかかわれなくなります。初任保育者と組んでいる職員に「最近、ナオ先生はどうですか？」と声をかけ、返ってくる話の内容や表情から、初任保育者を支える同僚の大変さの度合いを推測することができるでしょう。

◎ **初任保育者は、話しやすい先輩や上司に話してみる**

　初任保育者は、一緒に組む先輩保育者と保育の考え方にずれがある場合、園内の別の先輩保育者や上司に話を聞いてもらうとよいでしょう。また時には、園外の同業者などに話を聞いてもらうことも有効です。

　園内の上司や先輩保育者に相談した場合は、直接解決に向けて動いてくれるでしょう。園外の同業者（友人）の場合は、思いを受け止めてくれるでしょう。園外の先輩保育者の場合には、初任保育者の思いを受け止めつつも、「こういう考え方もあるかもね」などと先輩としての考えを話してくれたり、助言をくれたりするでしょう。

　いずれにしても、一人で悩まず、複数の人に話をしてみましょう。たとえ愚痴になってもそこから気持ちの整理や課題の整理につながります。

◎ お互いに同僚と話し合う場面を作る

　保育現場は忙しく、同僚と話し合う時間が確保されていないことに加えて、相手の立場を気にしたり、相手を気遣うあまり、自分の考えを話すことを遠慮しがちです。そこで、定期的に話し合う機会を設け、一人ひとりの子どもへのかかわり方やクラス運営などの共通理解を図りましょう。

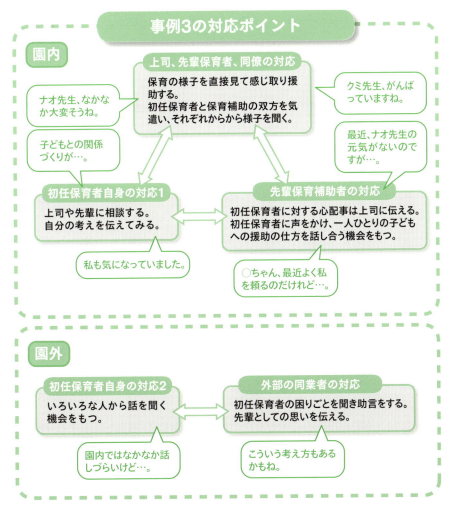

【中堅保育者】自分が思うような保育をやらせてもらえない

　レイ先生は保育者になって、この春で5年目を迎えました。今年度は2度目の5歳児クラスを受けもつことになり、同じ学年には、学年主任のハル先生と、初任保育者のマキ先生がいます。レイ先生にとって、クラスの子どもたちが3歳からの持ち上がりということもあり、子どもたちのことをよく知っているし、今年度は新たな取り組みをしてみたいと思っていました。

　早速、学年会"4月の新しいお友だちを迎える会"について、新たな企画を提案してみました。するとハル先生から「年度当初は、子どもが落ち着かないし、マキ先生も初めてなので、昨年と同じ内容にしましょう」と言われ、却下となりました。"7月の七夕音楽会"では、「その企画は、保護者に受け入れてもらえないんじゃないかしら」と言われました。"10月の運動会の競技"も「危険が伴うから、昨年に準じる内容にしましょう」と、一向に新しい取り組みができず、レイ先生は話し合いの場面でイライラするようになりました。

　そこで園長先生に相談したところ、「ハル先生やマキ先生と話し合ってみてはどうですか」と言われました。

　レイ先生は、何度も企画しては却下されることや、自分の思いを理解してくれる人がいないことにやる気を失い、保育の楽しさを感じられなくなりました。

職員との関係におけるストレスとその対処法

事例の読み解き方

それぞれの立場から考えてみよう

◎ 5年目のレイ先生の気持ち

　レイ先生は今まで、保育を楽しみながら行ってきたのでしょう。新しい企画は、子どもたちの姿から、より良い保育内容にしていこうという意欲の表れです。またレイ先生は、同僚に理解してもらい、力を合わせて新しいことに挑戦したいのではないしょうか。しかし、新しい企画があまり話し合われずに毎回却下されることや、同僚が保育を変えていく姿勢がないことに落胆しているようです。

◎ 先輩保育者のハル先生の気持ち

　ハル先生は、レイ先生の企画を取り上げず、すべて例年どおりに行おうとしているので、一見、後ろ向きに見えます。しかし、初任保育者に配慮しなくてはならないことと、最高学年の学年主任を任され、他の学年をリードしなくてはならないことを考えると慎重になり、新たな取り組みへの挑戦は躊躇してしまうのではないでしょうか。

　ハル先生にとって、気持ちにゆとりがもてる環境があれば、新たな企画を受け入れ、実行してみようという気持ちになるかもしれません。

◎ 園長先生の気持ち

　園長先生は、レイ先生の気持ちもわかりますが、ハル先生や初任のマキ先生の気持ちもわかるのではないでしょうか。レイ先生から話を聞いて園長先生がすぐに動かないのは、レイ先生にもう少し学年運営のことも考慮してほしいと願っているのではないでしょうか。レイ先生が企画を提案することはとても良いことだと思うとともに、レイ先生がハル先生や初任のマキ先生の立場や状況を理解することも期待しているのかもしれません。

| 対応の着眼点 | **認めてもらえないと苛立つ中堅保育者への対応／中堅保育者自身の対応** |

◎ 園長先生は、中堅保育者の思いを聞き、中堅保育者への願いをはっきり伝える

　園長先生や学年主任は、経験のある保育者に対し、心配なく保育を進めるだろうと思い、声かけや話をする機会が極端に少なくなっていることがあります。経験があっても、その時々の思いがあるので、日常的にその気持ちを受け止める必要があるでしょう。「いつも初任保育者のマキ先生を気にかけてくれて、ありがとう」「レイ先生は、自分の学級の準備などは大丈夫？　大変だったら言ってくださいね」「レイ先生、学年会では自分の考えを聞いてもらっていますか？」などと中堅保育者ならではの悩みを話しやすいように、園長先生から声をかけてみるのもよいでしょう。

◎ 園長先生から職員への期待や認めの声かけは、一人ひとりにする

　中堅保育者は、園長先生や学年主任の思いを推察することはまだ難しいところがあります。その結果、園長先生や学年主任から"軽視されている""理解されていない"などと感じ、互いの気持ちにずれが生じます。園長先生から職員への声かけは個々に行うことを心がけ、「レイ先生、学年会では、いろいろ提案をしてくれているようですね。それが結果として実施できなくとも、案を考えることは大切なことです。これからもよろしくお願いしますね」などと、期待していることや認めていることは直接言葉で伝えましょう。

◎ 園長先生は、職員の仕事の負担度を見極め、業務が回りやすくなるように配慮する

　年度当初に職員配置を行った後、園長先生はそれぞれのチームがうまく動いているか見ていく必要があります。チームをリードする職員に余裕がない

と、後輩の保育者たちにしわ寄せが行き、チームがうまくいかないことがあります。

リーダーを任されるのは経験があり力がある職員ですが、思わぬところで苦戦している場合があるので、早めに察知し援助していきます。学年主任などのリーダーに「今、学年運営で悩んでいることは何ですか」などと尋ね、具体的な話を聞き出し、助言をすることで、また動き始めます。

◎ **中堅保育者が進んで企画することはプラスになる**

一般企業でも、企画したことが100％通ることはありません。何度も繰り返してやっと通ることが多いものです。では、企画して却下されることは無駄なことでしょうか。その努力は後にプラスになります。企画自体も保育環境（人的・物的）が整えば、いつか実施できることもあります。それまで楽しみにとっておきましょう。今は、自分の力を貯めるときと考え、園外の保育者と交流したり、新たな情報を得る機会をもつのもよいですね。

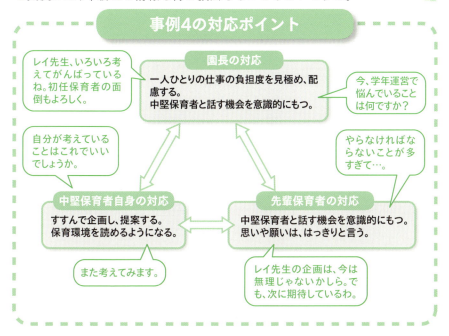

【中堅保育者】学年主任を任されたけれど、うまく学年を運営できない

ミナ先生は初めて学年主任を任されました。同じ学年には、一つ年上のユキ先生と、2年目のアイ先生がいます。ミナ先生は、園長先生から学年主任を任されたときに、「私でいいのかな〜」と不安に思いつつも、任されたのだから「がんばらなくちゃ…」と、自分に気合いを入れました。

あるとき園長先生は、新たな行事として"地域の交流会"に参加することをミナ先生に提案しました。それを受けてミナ先生は企画書を作り、学年会で提案したところ、ユキ先生に「ふん」とそっぽを向かれてしまいました。その様子を見ていたアイ先生は、困った表情でミナ先生を見ました。ミナ先生は「この行事は園長先生が…」と、園長先生の考えや子どもたちの経験としてプラスになることなどを一生懸命伝えましたが、ユキ先生には理解してもらえませんでした。

ミナ先生は、同僚であるユキ先生にこのような態度をとられたことがとてもつらく感じ、またアイ先生に不安な思いをさせてしまったことに申し訳なく思いました。

ミナ先生は、学年主任になってから緊張の毎日で、荷が重いと感じていました。さらに、同僚に理解されないことにより、この先ずっと学年主任をやらなくてはならないのかと思うと、気持ちが落ち込み、仕事を辞めたくなってしまいました。

職員との関係におけるストレスとその対処法

事例の読み解き方

それぞれの立場から考えてみよう

◎ 新学年主任のミナ先生の気持ち

ミナ先生は学年主任として、ユキ先生や同僚に頼ってはいけないと思っているようです。そこで学年主任として、園長先生から頼まれたことは一人で何とかしなくては、と思ってしまったのではないでしょうか。

日々のユキ先生を含む同僚への気遣いと、園長先生の期待に応えることで、疲れてしまったようです。

◎ 同僚のユキ先生の気持ち

ユキ先生は、ミナ先生が自分に気を遣っていることに気づいていて、自分の意見を言うことを遠慮していたようです。ユキ先生は、ミナ先生が学年主任として、もっと学年の同僚と話し合ったり、考えを伝え合ったりすることを、大切にしてほしいと思っているのではないでしょうか。

ユキ先生がミナ先生の提案を拒否したのは、日頃の保育や行事などの決め事について、ミナ先生がユキ先生や同僚に相談することなく、園長に言われるまま動いたことに対し、抗議の気持ちを表したのでしょう。

しかし、ユキ先生のこのような態度は、周囲に不快感や不安感を与えます。チームの一員という意識をもって、思いや考えを言葉で伝えるべきでしょう。

◎ 園長先生の気持ち

園長先生は、ミナ先生の責任感の強さと、周囲の職員に対して気配りができる姿勢を評価し、学年主任にしたのではないでしょうか。一方で、園長先生はミナ先生の苦手な部分も理解していて、様子を見守っていると思います。ミナ先生が相談をすれば、すぐに応えてくれるでしょう。もしかすると園長先生は、ミナ先生からアクションを起こすのを待っているのではないでしょうか。

| 対応の
着眼点 | 学年運営に苦労している学年主任への
対応／学年主任自身の対応 |

◎ 園長先生や主任先生は、学年内（チーム）の人間関係を把握し、外側から支援する

責任感が強く真面目なタイプの人は、今の苦しい状況は自分の力のなさが原因と考え、「自分で何とかしなくては」と、他人を頼ろうとしないようです。管理職は、そのがんばりを認めつつも、状況が改善されず、本人に疲れが見え始めたら支えるために動く必要があります。

まずは、「あなたの置かれている状況やがんばりをわかっていますよ」というメッセージを伝えます（当事者理解）。自分をわかってくれる人がいるというだけで、がんばりぬける人もいます。当事者のがんばりだけでは難しければ、周囲に働きかける必要があります。いずれも、当事者が自ら動く姿勢を支援すること（後方支援）が大切です。

◎ 初めての学年主任は、周囲に相談する

園長先生や主任先生は、初めて学年主任になった保育者を気にかけています。しかし、自分から話をしないと具体的な状況は理解できません。「こんなこと相談してもいいのかなぁ…」と思わず、例えば、「学年会で、○○について説明したのですが、どうも私の考えがみんなに伝わらないようなんです。どのように話を進めていったらよいでしょうか」などと気になることは伝えて、わからないことは聞きましょう。伝わらない原因は、説明の仕方なのか、同僚との関係性によるものなのか、具体的な助言をもらうことができるでしょう。

また、同じ立場（学年主任）の先輩保育者であれば、状況をよく理解し、一緒に手立てを考えてくれるでしょう。もしかすると、先輩保育者も同様の悩みをかかえているかもしれません。互いに話ができる関係ができるといいですね。

◎ どのような立場でも、チームの一員として自分の思いを伝える

　職員同士、立場を気にしたり、互いに遠慮して意見を言わないことが、誤解を招きます。ベテラン保育者はベテラン保育者なりの、初任保育者は初任保育者なりの考えがあるはずです。皆で意見を出し合い、策を練ることにより、より良い保育が生まれます。状況と互いの考えを共有することで、各自が安心して保育を進めていくことができるのではないでしょうか。

　職員同士のやりとりの中で、不快に感じたり、イライラした気分になることもあるでしょう。そのような時、感情に任せて思いを伝えると、相手を不快にさせたり、不安にさせたりすることになります。自分にとっても同様です。これでは、真の思いを伝えることは難しいでしょう。自分の思いや考えを伝えるときには、気持ちを落ち着かせてから話をしましょう。

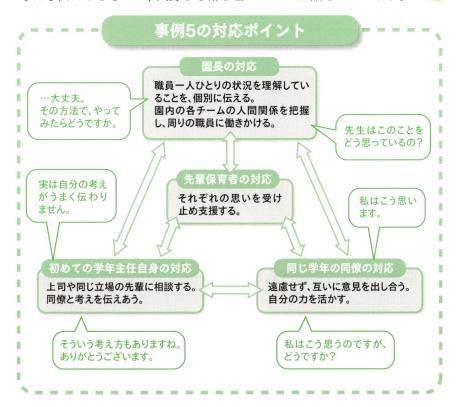

事例6 【中堅保育者】育児休業から復帰したけれど、思うように仕事ができない

　トモ先生は4月に育児休業から復帰して、5歳児の学級を受け持つことになりました。早く仕事に慣れて、以前のように動けるようになろう、みんなに迷惑をかけないようにしようと思い、一生懸命仕事に取り組みました。

　ところが、保育園に預けているわが子が熱を出し、早退や休むことが続きました。トモ先生がそのたびに「申し訳ありません」と園長先生や同僚に言うと、彼らは「仕方ないわよ。気にしないで」と言ってくれました。

　ある大きな行事の前日、預け先の保育園から子どもが熱を出したと連絡がありました。トモ先生が事情を伝えると、園長先生は「大丈夫、早く帰りなさい。皆さんで、手分けしてやりましょう」と、他の先生方に声をかけてくれました。トモ先生はその言葉を聞いて、涙が出てきました。すると園長先生が「先生も誰か頼れる人がいるといいのにね」と、優しく声をかけてくれました。しかし、その言葉も、トモ先生にとってはつらく感じました。トモ先生は、これ以上迷惑はかけられないと思い、明日までにやらなくてはならない仕事を持ち帰りました。夜仕事をしようとすると、子どもがぐずりなかなか寝てくれません。ついイライラしてわが子を叱ってしまいました。

　トモ先生は、仕事と育児の両立ができない自分を情けなく思い、退職を考えるようになりました。

●職員との関係におけるストレスとその対処法

事例の読み解き方

それぞれの立場から考えてみよう

CHAPTER 1
CHAPTER 2
CHAPTER 3
CHAPTER 4
CHAPTER 5

◎ 育児休業明けのトモ先生の気持ち

　トモ先生は、早く以前と同じように仕事ができるようになりたいと思っています。しかし、自分のペースで仕事ができないことにあせりを感じ、園長先生や同僚の先生に対して、必要以上に申し訳なさを感じています。

　仕事を家に持ち帰ってまでやろうとする姿勢から、仕事も家事もきちんとやらないと気が済まないのでしょう。その責任感の強さが自分を追い詰めているようです。

　一つひとつの言葉をマイナスに受け止めるのは、よほど追い詰められている証ではないでしょうか。

◎ 同僚の先生の気持ち

　出産・子育て経験のある先輩の先生方は、自分たちも通ってきた道なのでお互いさまと思っています。未婚や子どものいない先輩の先生方も、保育者として子育ての大変さは十分理解しています。若い先生も、自分がこれから通る道と思うので、手伝うことは当然と思っています。ですから、トモ先生の一生懸命な姿に、誰も協力することを惜しみません。

◎ 園長先生の気持ち

　園長先生は、日頃から一生懸命なトモ先生に対し、とても理解を示しています。ですから、他の職員に対して「トモ先生の分も皆で協力してやりましょう」と伝えています。「誰か頼れる人がいるといいのに」という言葉は、トモ先生の置かれている状況が少しでも楽になるようにと助言したつもりだったのかもしれません。

053

対応の着眼点

仕事と育児が両立できない中堅保育者への対応／中堅保育者自身の対応

◎ 園長先生や先輩保育者は、温かく見守る一方で、仕事の軽減を図る

　育児休業明けの保育者は、仕事のリズムがつかめないことに加えて、自分自身を休める場がなく、疲れがたまります。心身ともに疲れるとネガティブになり、セルフケアができなくなります。

　園は、「がんばっているわね。でも無理はしないこと」などと声をかけ、温かく見守ることを基本に、**仕事量の軽減を図る**ことが肝心です。中堅保育者であるため、学級担任だけでなく、学年主任を任されたり、係を多く担当するポジションにあります。しかし、育児休業明けは、学級担任としての業務を主として、他の仕事はできる人に任せるようにしてはどうでしょうか。

　意欲のある若い保育者は、園長先生が「先輩が担当していた○○の仕事をやってみますか？」と声をかけると、「挑戦してみたいと思います」と、快く引き受けてくれるでしょう。任せたからには、その保育者が「成長の機会を与えられた」と感じられるように、**園長先生や先輩保育者が支え、後押しを**していきましょう。

◎ 育児休業明けの保育者は、無理をせずに同僚の好意に甘え、後に恩返しをする

　育児休業から復帰直後に、以前と同じように仕事をすること自体が無理な話です。復帰後1か月、3か月、半年、1年と経つにつれ、仕事に慣れるだけでなく、家事や育児も楽になってきます。余裕が出てきたら、少しずつ同僚と同様の仕事をしていきましょう。それまでは、「お心遣い、ありがとうございます」と感謝の気持ちを伝え、あせらずに同僚の好意に甘えましょう。また、たまには自分自身のリフレッシュもできるとよいですね。

　今ある苦しさや大変さが、いつまでも続くわけではありません。いずれ通

り過ぎていくものです。そして、同僚が復帰するときには、自分の経験を活かして支えてあげることができるでしょう。

◎ **お互いの状況を理解し、温かく見守る**

保育者のライフステージは、初任保育者から次第に経験を積んで、ベテラン保育者になっていきます。その過程で、結婚や出産などのライフイベントがあり、仕事をしていく上でのネックになることもあります。「職場に家庭は持ち込まない」という厳格な考え方もありますが、一人の人間として、育児や介護、時には療養など、何が起こるかわかりません。

同僚が困難な状況にある時は「お互いさまだから」と声をかけ、互いに相手の立場を理解し、助け合い、支え合える温かい保育者集団であってほしいものです。

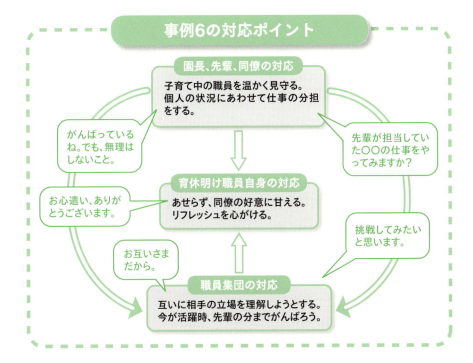

【ベテラン保育者】支援を要する子どもがいるクラス運営が難しい

　ユリ先生は、初任の先生と、4歳児のクラスを1クラスずつ受け持つことになりました。ユリ先生はベテランということもあり、園長先生から「気になる子」を複数受け持つよう伝えられました。

　ユリ先生は今までどおり、子どもたちとしっかりかかわり、落ち着いたクラス運営をしようとがんばりましたが、5月になっても落ち着きません。フリーの先生に援助を求めようと思いましたが、ベテランという立場が気になって、できませんでした。ユリ先生は次第に元気がなくなり、そのことに気づいた園長先生が話を聞いて、加配の先生がつくことになりました。それでも学級は落ち着かず、主任先生も入ってくれることになりました。

　ある日、活動の切り替え場面で、皆に声をかけましたが、複数の子どもたちが動きません。一方ではケンカが起こり収まらず、ユリ先生はとても情けなく思い、思わず涙が出てしまいました。ベテランなのに力が伴っていない自分は保育者として資質に欠け、子どもたちに申し訳ないので辞めたほうがいいと思いました。

　保育が終わった後、主任先生がたくさん話を聞いてくれました。最後に、主任先生は「担任はあなたしかいないのだから、がんばりなさい。いくらでも支えてあげるから…」と何度も言ってくれました。その言葉を聞いて、ユリ先生はハッとしました。

●職員との関係におけるストレスとその対処法

事例の
読み解き方

それぞれの立場から考えてみよう

◎ ベテラン保育者のユリ先生の気持ち

　ベテラン保育者は、園内ではリードする役割で、何でもできるのが当然と思われています。そのためユリ先生は、自分のクラスが大変な状況であるにもかかわらず、園全体のことを考え、他の先生に援助を求められないところに、孤立感と苦しさがあったのではないでしょうか。

　また、園長先生や主任先生が気づいて援助をしてくれますが、それでも思うように運営できないことに、ベテランとしての自信を失ったと思われます。

　しかしユリ先生は、主任先生の一言により、目の前の課題を乗り越えるのは一人ではないことに気づかされます。支えてくれる人がいるからがんばろうという気持ちになりました。

◎ 主任先生の気持ち

　主任先生は、ユリ先生の置かれている状況や思いをよく理解しているのでしょう。ユリ先生のがんばりを認めつつ、弱気になっているユリ先生に対し、"私はいくらでもあなたを支えてあげるから、がんばりなさい（一緒にがんばりましょう）"という思いを伝えたかったのでしょう。

　ユリ先生に行った言葉かけは、一般的には叱咤激励になるのかもしれません。しかしそれは、ユリ先生が日頃から保育を楽しみ、保育が大好きであることをわかっていて、ユリ先生と自分との間に信頼関係ができていると判断して行った"励ましの言葉かけ"なのでしょう。

対応の着眼点

助けを求められないベテラン保育者への対応／ベテラン保育者自身の対応

◎ **園長先生や主任先生は、適宜支援できる職場の雰囲気と職員の関係を作る**

　ベテラン保育者になると、クラス運営や学年運営に支援の必要がなく、職員全体を把握し、園運営にもかかわり、園長先生や主任先生が助けられることもあります。しかしベテラン保育者は、期待されたり責任感が強いことにより、困難な状況であっても自分から支援を求めることができなくなる場合があります。

　また、支援してもらっても、ベテラン保育者としての誇りが傷つき、自信を喪失することがあります。ベテラン保育者は立場上、孤立しやすい場合があります。他の職員同様、「いつでも話は聞きますよ。遠慮なく言ってね」などと気軽に声をかけたり、個別に「ユリ先生、何か困っていることがあるのではないですか？　聞かせてもらえますか？」などと、今ある課題を話せる機会を作るなど、日頃からの関係づくりが大切です。

◎ **ベテラン保育者であっても、一人でがんばりすぎない**

　"ベテランはこうあるべき"という理想像に縛られていませんか？　また、周囲に気をつかい過ぎていませんか？　同じベテラン保育者でも、経験や今ある状況も異なります。時には一人ではどうにもならないこともあります。

　まずは、先輩である園長先生や主任先生に話を聞いてもらいましょう。例えば、「A児、B児、C児について、○○の場面と△△の場面での支援の仕方について、助言をいただきたいのですが…」と、具体的なエピソードを複数添えて伝えると、理解してもらいやすいでしょう。相談を受けた課題は、職員間で共有することにより、新たな協力体制が生まれ、園全体が育ちます。

◎ **ベテラン保育者として、相談相手を広げる**

　ベテラン保育者が保育で四苦八苦するのは、難しい課題に直面しているか

● 職員との関係におけるストレスとその対処法

らです。また、今後園内で新たな課題に直面する保育者もいるでしょう。そこでベテラン保育者は、園外に相談できる場を広げるのもよいと思います。

　園外の同じ立場の保育関係者なら、話をして共感できるところが多く、ほっとできるかもしれません。難しい課題であれば、保育の専門職と出会える研修会などに出向くのも方法です。特別支援のことなら、地域の「発達支援センター」「就学支援チーム」などの専門機関に臨床心理士、臨床発達心理士、言語聴覚士、作業療法士がいます。それらを上手に利用しましょう。

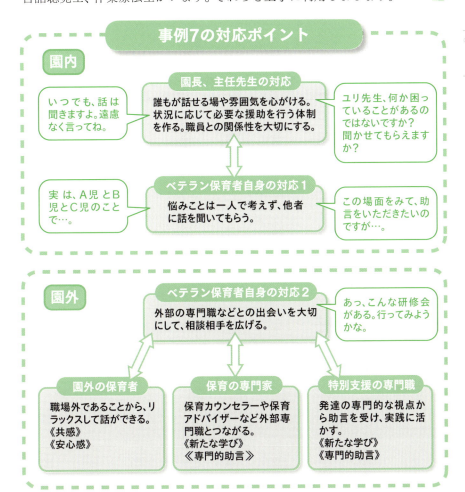

【ベテラン保育者】園内研修のリーダーシップをうまくとれない

　日頃から真面目で研究熱心なリョウ先生は、園内に先輩保育者がいる中で、今年度の研究主任を任されました。

　4月の職員会議のとき、園長先生から「11月に公開研究発表会を行います」と告げられ、複数の職員から驚きの声が上がりました。園長先生からは「大変でしょうが、みなさんにとってとてもいい経験になるでしょう。リョウ先生を中心にがんばりましょう」の一言。リョウ先生は不安になり「私にできるでしょうか」と言うと、先輩保育者からは、「何でも手伝うから、大丈夫」と言われました。

　しかしその後、リョウ先生が話し合いの時間を設定しようと先輩保育者の先生に声をかけると、「今、忙しいから…」と言われ、なかなか時間をつくれない状況にありました。また、やっと決まった話し合いの場では、若い保育者はもちろん、先輩保育者からも発言がなく、リョウ先生は、孤立感を感じました。

　研究は進まず、時間ばかりが過ぎていきます。リョウ先生は「公開研究発表会」のことが頭から離れず、胃が痛くなり、食欲がなくなってしまいました。

事例の
読み解き方

それぞれの立場から考えてみよう

◎ 研究主任を任されたベテラン保育者のリョウ先生の気持ち

リョウ先生は、先輩保育者がいる中で、研究主任として研究をリードすることに不安な気持ちを抱いています。外部に公開する研究会となると、負担も大きく感じるでしょう。

自分の力だけではなく、先輩方の力を借り、若い先生も巻き込んで、皆で進めていこうと考えていますが、日程調整から協議の場面など、職員一人ひとりに気をつかうことが多く、疲れを倍増させているように見受けられます。

◎ 先輩保育者の先生の気持ち

先輩保育者の先生が、時間の設定に非協力的だったり、話し合いの場で発言しないのは、リョウ先生を困らせようとしているわけではありません。

園内には、いろいろなタイプの保育者がいます。中には、園内研修や園内研究に苦手意識をもったり、自信がなかったりする保育者もいます。また、日常的な業務が忙しいことで、研修や研究を負担に感じることもあります。

◎ 園長先生の気持ち

園長先生は、公開研究会を行うことは職員にとってプラスになると考えています。また、職員一人ひとりが力を発揮できればよいと考えているのでしょう。ですから、公開研究会を行うことを伝えた後は、リードすることなく見守っています。実施した後の充実感は、どれだけ自分たちの力で行ったのかが決め手となります。"やらされた"という受け身ではなく、積極的に動いてほしいと願っているのではないでしょうか。

| 対応の
着眼点 | 園内研修等のリーダーシップがとれないベテ
ラン保育者への対応／保育者自身の対応 |

◎ 園長先生や先輩保育者は、研究主任の力が発揮できるように援助する

　毎年、年度初めに園内の役割が決まり、研究（研修）主任も決まります。研究（研修）主任はとても大変ですが、当事者にとってはよい成長の機会となります。したがって園長先生には、研究を順調に進め、保育の質を高めることへの援助に加えて、研究主任である保育者を育てる役割もあります。

　研究主任への援助方法は、本人の持ち味により異なるでしょう。見守るだけで済むことはなく、時には、計画案から一緒に立てるなどの具体的な援助が必要な時もあります。また、必要に応じて周りの職員に働きかけるなど、研究主任が動きやすく力が発揮できるよう援助します。

◎ 研究主任は皆の力を借りながら、皆で研究を進める

　研究主任が "みなさんの力を借りて進めていきます" という姿勢であれば、みな協力を惜しまないでしょう。しかし、職員が日々忙しく時間的に余裕がないと、その気持ちはあっても協力できません。その時は、園長先生等の上司に「先生方はそれぞれ忙しく、時間の調整ができないのですが、何か良い方法はありませんか？」と伺って、定期的な時間の確保をお願いしましょう。

　時間が確保できても、職員が研修や研究に積極的でない場合には、「園長先生、今度の話し合いに参加していただけますか？」とお願いしてみてはどうでしょうか。いずれも研究主任一人が研究を進めるのではないので、何のために研修や研究を行うのかを職員全体で共通理解をして進めていけるといいですね。

　全員が同じ思いになるのは難しいことかもしれません。しかし周りを見渡せば、興味を示す職員がいるはずです。まずは、一人ひとりと関係を作り、チームを作っていきましょう。

● 職員との関係におけるストレスとその対処法

◎ 研修や研究の目的は保育の質の向上

　研修や研究は負担ですか？　それともワクワクしますか？　研修や研究は、何のためにあるのでしょう。まずはその目的を職員全体が共通理解しましょう。園長先生だけが、研究主任だけが張り切っても、意味はありません。やらなければならないからやるというのはさびしいものです。保育者一人ひとりがやってみたくなる研修や研究を考えてみたいものですね。

　研究成果にこだわらず、日々の保育の中でふと疑問に思ったことや気づいたことから研究は始まります。

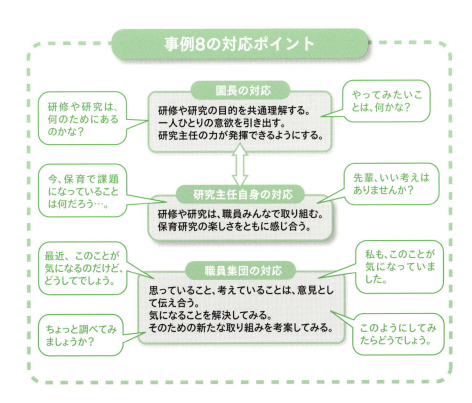

【ベテラン保育者】園長先生の考えと同僚の思いのずれを、うまく調整できない

事例 9

ナツ先生のいる園は、今年度、新しい園長先生を迎えることになりました。

新しい園長先生はエネルギッシュで、クラス担任の中でもベテラン保育者のナツ先生に、昨年まで行っていたことを一つひとつ細かく説明を求めました。

ナツ先生は、初めのうちはやりがいがあり勉強になると思いましたが、園長先生と話すことに時間をとられ、気がつくと自分のクラスや学年の話し合いが不十分となり、園長先生と話すことが負担になってきました。

また、前任の園長先生が学年に任せていたことも一つひとつ確認し、行事など「年長組なのだから、ここまではやれるのではないですか？」と、具体的な考えを強く言います。ナツ先生は、子どもの実態から園長先生の言うことを実施するのは難しいと思いながらも、どうにかやり遂げるようにしました。

その後も園長先生は学年会にも入り、次々に要望してきました。次第に同僚の先生方から「もう園長先生の言うようにはできない。ナツ先生、何とかしてくださいよ…」という言葉が出るようになりました。ナツ先生は、それでも何とか園長先生の考えに近づけるように調整を図り努力をしましたが、子どもの実態や先生方の状況から無理があると感じています。ナツ先生は、園長先生と同僚の思いとの間に挟まり、悩んでしまいました。

事例の読み解き方 ● 職員との関係におけるストレスとその対処法

それぞれの立場から考えてみよう

◎ 新しい園長先生の気持ち

　新しい園長先生が細かく確認してきたのは、早く園のことを理解したいという思いがあったのでしょう。また、質問がナツ先生に集中したのは、聞きやすい雰囲気があり、答えられる力もあると判断したからだと思います。

　園長先生は、子どもたちのために質の高い保育・教育を提供したいと考えています。しかし、着任したばかりで園の実態把握は不十分であると感じ、ナツ先生に直接話を聞いたり、学年会に入って先生方と話し合う機会を多くもちたかったのではないでしょうか。決して、一方的に考えを押し付けるつもりはないと思います。逆に、先生方の意見を聞きたいのかもしれません。

◎ ベテラン保育者のナツ先生の気持ち

　ナツ先生は、ベテラン保育者であるという自覚があり、新しい園長先生には自分たちが今までやってきた保育を伝えなくてはならないという使命感があったと思います。また、園長先生の指示に従わなくてはならないという意識もあったのでしょう。

　同僚の保育者から園長先生に対する不満が出てしまうのは、学年会の時間が確保できず、園長先生の要望を保育者が受け止めきれないことが原因と考えているようです。一方で、園長先生に園の実態を伝えきれていないことに、自身の力不足を感じているのではないでしょうか。

　現時点では、新しい園長先生に対して、ナツ先生は話を聞いたり、質問に答えることはできても、自分の考えや同僚の保育者の思いを述べることに遠慮があるのではないでしょうか。

| 対応の 着眼点 | **園長先生と同僚の思いの調整に悩むベテラン 保育者への対応／ベテラン保育者自身の対応** |

◎ **園長先生は、職員全体の動きを見ながら、適宜実態把握に努める**

　園長先生は新たな園に着任した場合、早く園の実態を把握しようと努めます。また、継続して勤務していても、新たな職員を迎え入れるので、職員との連携を密に運営しようと考えます。

　しかし年度初めは話し合いや共同作業が多く、職員に時間的な余裕がありません。園長として確認したいことは、**内容に合わせて相手を選び、時間を決めてまとめて行う**とよいでしょう。思い立ってすぐ行動すると、相手の仕事のペースを乱すことになるので、負担に思われやすいです。また、物事を変えていくときには、話し合いや準備など、**時間を十分確保する**必要があります。

◎ **ベテラン保育者は、仕事の優先順位を確認して対応する**

　保育者は、園長先生に話しかけられたりお願いされることを優先に対応します。しかし、上司の言われることばかり優先して対応していると、自分の仕事が滞ってしまい、かえって園に迷惑をかけます。

　まず、上司の話を聞き、自分の職務や役割を考え、**仕事の優先順位をしっかり考えましょう。**上司から何か言われたら「はい、承知しました」とその場で理解したことを伝え、今できるならば行い、無理ならば「今○○の準備をしているところなのですが、その件はその後でもよろしいですか？」「○○時にお時間をとっていただけますか」と、時間を確保しましょう。

◎ **それぞれが自由自在に話し合い、共通理解を図る**

　組織の中では、「園長⇔副園長（主任）⇔学年主任の先生⇔クラス担任」という上下を重んじた流れがありますが、もう少し自由自在な流れや動きがあってもよいと思います。園長先生は、職員を特定せず「○○先生、時間とれま

すか？ この件で聞きたいことがあるのだけれど…」などと、聞きたいことを聞きたい人に幅広く聞くようにします。

　他の保育者も、聞きたいことは職位の上下関係なく、聞きたい人に聞ける環境があるとよいですね。例えば、園長先生が学年主任の先生に「今度の会で、こういう取り組みをしてはどうかな？」と話をします。学年主任の先生は、関係する複数の保育者に園長先生の考えを伝え共有します。他の保育者から「それは、今のうちの学年の子どもたちには難しいではないですか？」「今度、園長先生を交えて話し合う機会をもちませんか？」などの意見が出て、その結果、園長先生と担当保育者が話し合う機会をもつというのもよいでしょう。その結果は、当事者だけでなく、職員全体が共有できるようにしましょう。

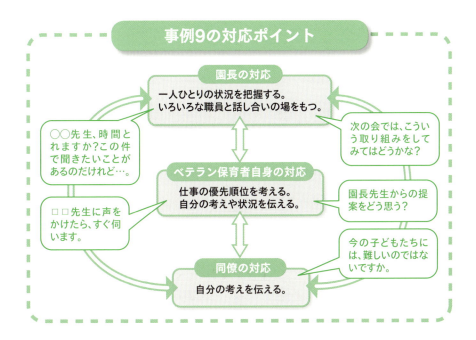

【園長先生】初任保育者が体調不良で出勤できなくなってしまった…

5月の連休明けに、初任保育者のルミ先生から園長先生に、2日続けて体調不良のため出勤できないと連絡がありました。

次の朝、園長先生は、ルミ先生が出勤するのを待っていると、ルミ先生から「今日は少し遅れます」との連絡が入りました。休みの連絡ではなかったのでほっとしましたが、なかなか出勤せず、お昼頃にルミ先生から「やはりもう一日休ませてください」との連絡がありました。

園長先生は心配になり、時間を改めてルミ先生に電話をすると、「園に行かなくてはと思うのですが、朝起きると気分が悪くて体が動きません」と話がありました。園長先生は「疲れが出たのでしょう。少し休んだら元気になるんじゃないかしら」と励まし、電話を切りました。

園長先生は、ルミ先生の身近にいる、先輩保育者のマナ先生に話を聞くことにしました。マナ先生は「保育の打ち合わせはいつも一緒にしていたし、ルミ先生ができないことは、みんなで手伝ってあげていました」「手伝ってあげると『すみませ〜ん』って、笑いながら言っていましたから…。まさか、疲れて体調を崩すなんて…」と困惑した様子でした。

園長先生は「ルミ先生が出てきたら、もう少していねいに見てあげてくださいね」とお願いすると、マナ先生から「私たちが、これ以上何をしたらいいんですか？」と、苛立ちながら聞き返されました。

● 職員との関係におけるストレスとその対処法

事例の読み解き方 それぞれの立場から考えてみよう

CHAPTER 1
CHAPTER 2
CHAPTER 3
CHAPTER 4
CHAPTER 5

◎ **園長先生の気持ち**

　園長先生は、ルミ先生の指導を先輩の先生方に任せていました。ルミ先生の様子は見ていましたが、明るく元気そうに見えたので、なぜ休むのか、理由がわからず困っています。先輩保育者のマナ先生の話から、ていねいに対応しているのはわかりますが、ルミ先生が休むということは、何か足りないところがあるのではないかと感じているのではないでしょうか。

◎ **先輩保育者のマナ先生の気持ち**

　マナ先生は、ルミ先生が初任保育者ということもあり、仕事の手順をていねいに伝えていました。できないことはフォローするなど、ルミ先生への支援は十分だと思っています。園長先生からもっとていねいにかかわってほしいと言われても、これ以上何をしてあげればいいのかわからず、困惑しています。

◎ **初任保育者のルミ先生の気持ち**

　ルミ先生は、先輩の先生方に一つずつていねいに教えてもらっていることに感謝しつつ、わからないことやできないことが多く、申し訳ない気持ちが大きいのではないでしょうか。笑顔や笑いは、「こんなにていねいに指導をしていただいて『できない』なんて泣き言は言えない」と思っているのかもしれません。

　また、情けなさや申し訳なさを笑ってごまかしているのかもしれません。ルミ先生は職場では本音を表に出さず、一人苦しくなってしまったのではないでしょうか。

069

| 対応の
着眼点 | **突然休み始めた初任保育者への対応／
園長先生自身の対応** |

◎ **園長先生は、初任保育者の生活環境を理解する**

　初任保育者は、4月は特にストレスがたまるものです。初任保育者がストレスを解消する方法として、自分の気持ちを誰かに聞いてもらう必要があるでしょう。例えば、職場内に同じような初任保育者がいたり、話しやすい相手がいることが助けになります。

　職場内が難しければ、家族や友人でも、話を聞いてくれる人が身近にいれば安心です。働き始めた当初は、職場の人間関係ができていなく、一人暮らしとなると帰宅しても話を聞いてもらえる相手がいません。

　そこで、**初任保育者の生活全体に目を向けてみる**ことも必要かもしれません。時には園長先生が話を聞く機会をもつのもよいでしょう。話を聞く場所は、**職場外や勤務時間外**がいいでしょう。インフォーマルな場であると、本音を話しやすいことがあります。退勤後、一緒にお茶を飲んだり、夕食を食べに行ったりするのも、よい機会かもしれません。園長先生や先輩保育者から「一緒にご飯を食べませんか？」などと誘われ打ちとけられると、初任保育者は「話を聞いてもらおうかな？」と思えるようになります。ともに過ごすことにより関係が深まり、「先輩と話すとほっとする」などと、職場での安心感につながるでしょう。

◎ **園長先生は、初任保育者を支援している先輩保育者も理解する**

　初任保育者を担当する保育者はベテランであることが多いので、任せていれば大丈夫と思われがちです。しかし、本人の気質や置かれている状況によって、初任保育者の面倒を見きれない場合があります。

　仕事の手順や対応の仕方など、的確に伝えても、初任保育者はすぐにできるとは限りません。何度も繰り返しが必要で、ストレスがたまるものです。

担当者の余裕がなくなると、初任保育者の気持ちが読み取れない場合もあります。園長先生は、「先生、お疲れさまです。初任の先生は、最近どうですか?」などと、先輩保育者への気配りも大切です。「初任の先生は〇〇することがなかなか難しいようです」「何度伝えても忘れることが多くて……」などと、その時に返ってくる話の内容で、先輩保育者の困っている様子も理解できるでしょう。内容に応じて援助していくことも大切です。

◎ 保育者同士の関係ができるまでの支援が必要

年度当初は特に時間的な余裕がなく、チームも新たなメンバーとなるため、職員同士の関係性ができておらず、ぎくしゃくすることがあります。ひと山越えるまでは、園長先生や主任先生の影のサポートが必要です。学年会は連絡事項だけで終わっていないか、保育の課題は互いに話し合えているか、日常会話の雰囲気などから、職員の関係性もみていく必要があります。

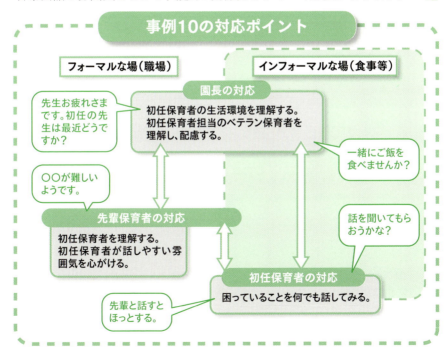

【園長先生】保護者の思いをどのようにベテラン保育者に伝えたらいい？

ケンちゃんの保護者から「タツ君がうちの子に嫌がることをするので、タツ君を転園させるか、できなければうちの子が転園します」と、クラス担任のチカ先生に申し出がありました。そこでチカ先生は、慌てて園長先生に報告しました。

園長先生がチカ先生に2人の様子を聞くと「2人はよくふざけ合って私に注意されますが、2人は楽しそうにしていて、ケンちゃんが嫌がっているように見えないんです」と答えました。園長先生は、チカ先生はベテラン保育者で子どもたちの様子もよく見ているので「園での2人の様子を保護者に話して、安心してもらえるようにしましょう」と伝えました。

ところが数日後、ケンちゃんの保護者が「チカ先生は、うちの子がタツ君に嫌なことをされているのに信じてくれない。担任を変えてほしい」と言ってきました。園長先生は、保護者との話し合いの様子をチカ先生に聞いたところ、「ケンちゃんママには、事実をていねいに伝えました。ケンちゃんのこともタツ君のことも悪く言っていないし…。2人は仲がいいから大丈夫ですよって言ったのに…」と困惑している様子です。

園長先生は、チカ先生とケンちゃんの保護者の思いにずれがあり、そのことをチカ先生が気づいていないことが気になりました。このままでは、両者の溝が深まるのではないかと懸念しています。

職員との関係におけるストレスとその対処法

> **事例の
> 読み解き方**

それぞれの立場から考えてみよう

CHAPTER 1
CHAPTER 2
CHAPTER **3**
CHAPTER 4
CHAPTER 5

◎ ベテラン保育者のチカ先生の気持ち

　チカ先生は当初、ケンちゃんの保護者の予想外の言動に驚いたようです
が、園長先生と話をすることにより安心感を得て、自信をもってケンちゃん
の保護者に対応できたようです。ところがこの対応にケンちゃんの保護者が
逆に憤慨してきたので、チカ先生は困惑しているようです。

◎ ケンちゃんの保護者の気持ち

　ケンちゃんの保護者は、ケンちゃんの言うとおり、ケンちゃんが嫌な思い
をしているのはタツ君が原因だと思っています。それなのに、チカ先生が「2
人は仲がいいので大丈夫」と言うのは、チカ先生がケンちゃんの思いを受け
止めず否定していることになります。ケンちゃんの保護者は、そのことに腹
を立てたのではないでしょうか。

◎ 園長先生の気持ち

　園長先生は、ケンちゃんの保護者だけでなく、チカ先生の気持ちもわかり
ます。できればチカ先生が自ら一連の対応を振り返り、ケンちゃんの保護者
の気持ちを理解して、もう一度話し合いに臨んでほしいと願っています。

　しかし今のチカ先生は、自分の幼児理解や保護者対応に間違いはなかった
と思っているので、ケンちゃんの保護者の思いを伝えても、「事実を正しく
理解しようとしない」と、ケンちゃんの保護者を批判しかねないと心配して
います。

対応の着眼点

保護者の気持ちを受け止めきれない保育者への対応／園長先生や同僚の対応

◎園長先生はベテラン保育者から話を聞き、ベテラン保育者は省察の機会をもつ

　保育者も一人ひとり個性があり、出来事に対する受け止め方もさまざまです。過剰に反省してしまう保育者もいれば、自らを振り返えろうとしない保育者もいます。事例のような保育者の場合には、まずは、今まで行ってきた対応を認め、次に困難な状況にある保育者の思いを受け止めてあげましょう。その後、情報の共有を図り保護者対応をするためにということで、「一緒に考えていきましょう」と園長先生から声をかけ、一連の出来事を振り返る作業を一緒に行います。

　この作業により、実は保育者自身も自分を振り返る機会を得ることになります。またこの中で、保護者が困っていることは何なのかを一緒に考えていきます。保護者の困っていることがわかると、解決策が見えてくるのではないでしょうか。解決策が見えてくれば、当事者自ら動くことができるでしょう。

◎園長先生や同僚が状況を共有することは、ベテラン保育者の安心感につながる

　ベテラン保育者の場合、問題が生じると自分で解決しようとしますが、その際、園長先生が状況を理解していることは安心感につながります。問題が難しければ難しいほど、しっかりと話を聞いて状況を把握し、ベテラン保育者の思いを受け止め支える必要があります。

　また、ベテラン保育者が厳しい状況に置かれると、同僚は気をつかい、声をかけづらくなるため、孤独感を感じることもあります。ですから同僚も情報を共有し、ベテラン保育者の状況を理解するようにします。直接的には援助しなくても、状況を理解していることだけで、ベテラン保育者の安心感に

つながります。課題の対応には時間がかかるので、「私たちができることは協力します」などと、同僚としてできるこをさりげなく手伝うようにしましょう。

◎ 園長先生が、直接保護者の話を聞く

保育者は、保護者と思いのズレが生じると、もう一度話をしようという気持ちになるまでに、時間とエネルギーを要します。それは、ベテラン保育者でも同じです。代わりに園長先生が保護者と話をして状況を理解することは、当事者の保育者にとっても安心感につながります。

人（依頼者）は、相手によって話し方を変えるので、立場の違う人が話を聞くことで、相手や状況をより理解することもできます。

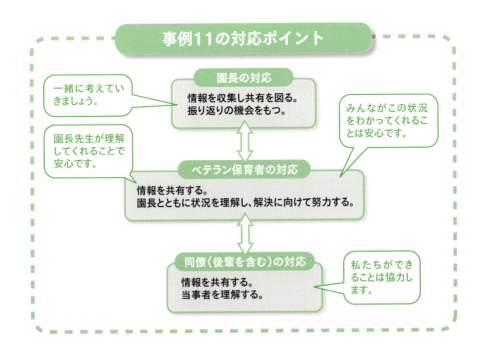

事例12 【園長先生】いろいろやってあげているのに、園長が勝手に決めてしまうと言われる

　最近、園長先生は、職員が遅くまで残って仕事をしていることが気になります。そこで、仕事がスムーズにいくように、負担を感じないようにと、行事や会議の段取りを一手に引き受けていました。ですから、行事の資料は園長先生が作成し、担当の保育者に事前に説明し了承を得て、会議で説明をしていました。司会者が「何か質問や意見はありませんか？」と聞いても、先生方から質問や意見はなく、会議もスムーズに進み、時間の短縮になっていると思っていました。

　ある行事の準備をしているとき、園長先生は職員の動きが悪いことが気になりました。園長先生は、これだけ段取りをつけても、職員がきびきび動かなくては、何の意味もないと不満に思いながら、「さぁ、どんどんやりましょう！」とはっぱをかけました。しかし、一向にスピードが上がりません。やっと終わって点検をすると、決められた内容の物が用意されていませんでした。

　園長先生は「これはやることになっていたわよね」と確認すると、職員から「それは園長先生が勝手に決めたことじゃないですか」という言葉が返ってきました。園長先生はその言葉に愕然とし、みんなで決めたことなのに、なぜこのようなことを言うのか、理解できません。

事例の
読み解き方

それぞれの立場から考えてみよう

◎ 園長先生の気持ち

　園長先生は、職員の仕事の負担が少しでも軽くなるように援助しているつもりです。会議時間の短縮も、職員の保育準備の時間が確保できるようにと考えてのことです。

　しかし園長先生は、自分がこれだけがんばっているのに、職員が仕事の軽減を実感できていないと感じます。また、自分だけがんばって、職員が無気力、無責任な様子が気になります。さらに、「園長が勝手にやっている」と思われることが、なぜなのかわかりません。

◎ 他の職員の気持ち

　職員たちは、園長先生が手伝ってくれていることはわかっていますが、自分たちで考える時間がないため、すべて他人事に思えているのではないでしょうか。

　行事を担当する保育者は園長先生とやりとりがありますが、その他の職員は、会議や打ち合わせで園長先生からの話を一方的に聞くかたちになっています。その結果、園長先生が一人で勝手に決めていると思うのではないでしょうか。仕事の段取りや作業時間には、個人差があります。すべての職員が、園長先生が思うように効率よく進められるものではありません。園長先生が望むような速さで進めることができないため「やります」とは言えないかもしれません。

　できることなら自分で考えてみたい、やってみたいと思う職員もいるのではないでしょうか。

| 対応の着眼点 | 何でも園長が決めてしまうと誤解する職員への対応／園長先生自身の対応 |

◎ **園長先生は、担当者が自分で考えて企画し、充実感が味わえるように援助する**

　園長先生は、担当者の力量を考えて、任せるところと援助が必要なところを見極める必要があります。まずは、「できることは何かな？　ここは援助しましょうか」などと担当者とよく話し合い、担当者ががんばるところと園長先生が援助するところを確認しながら進めます。その際、担当者が「ここは自分でできるので、やらせてください」などと、園長先生に遠慮なく相談できる関係であるといいですね。担当者自身が行ったところが多ければ多いほど、担当者は充実感を味わい、次への意欲につながります。

◎ **園長先生は、提案内容を把握し、いざというときは援助できるようにする**

　企画の提案は担当者が行うものですが、園長先生は、会議前に企画案を理解しておくことが大切です。園長先生がすべてを理解していることで、担当者が自信をもって提案をすることができます。担当者が自らの手ですべてを行っても、質疑応答でつまずくこともあります。時には、参加者がより理解できるように、園長先生が助言する場面があるかもしれません。園長先生が企画立案の過程から理解していることが、会議をスムーズに進めることにつながります。

◎ **園長先生は、職員全体の共通理解のための時間を確保する**

　園の組織が大きいほど、共通理解には時間がかかります。共通理解のための時間の確保は、園長先生の組織運営の工夫から生まれますが、職員一人ひとりがその大切さを認識し、協力することも大切です。

　また、せっかく確認した共通理解のための時間の中では、「私はこのよう

に考えますが、みなさんはどう思いますか？」などの問いかけに対し、「その考えは、こういうことですか？」「私はこう考えます」などと、園長先生をはじめ、職員同士が活発に意見を言い合えることが大切です。

◎ **職員の育成が大切**

園長先生が仕事を肩代わりすることは、時間の短縮につながり、職員の仕事を軽減したように思えます。しかし、長い目で見ると、職員の成長にはつながりません。職員の成長のためには、経験を積み重ねることが大切です。経験の積み重ねることにより、保育者としての専門性を高め、保育に関係するさまざまな仕事も上手にできるようになるでしょう。

新たな役割を担うことは大変なことですが、職員一人ひとりが充実感や達成感が味わえるようにすることが大切です。

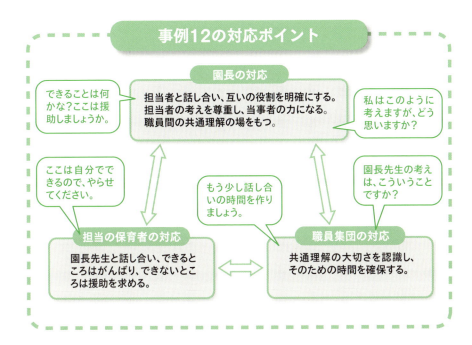

保育経験者・
現役保育者からの
アドバイス

コラム ③

手本となる先輩を見つけよう

公立幼稚園主任
保育者歴24年

　おすすめしたいのは、お手本となる先輩保育者を見つけることです。新人の頃にクラス運営がうまくいかずに悩んでいた時、先輩が私の保育について「子どもたちはのびのびしているよね」と言ってくれました。この言葉に支えられて、自分なりの良さを出した保育を続けてこられたと思います。また、保護者からクレームが来ると、自分の人間性を否定された気がして仕事が嫌になることもあります。しかし、「仕事の評価がお前の評価じゃない」と言ってくれる家族がいて、その言葉に支えられてきました。

大学助手
保育者歴10年

　同僚との協働をスムーズに進めるコツは、自分自身や同僚の得意なこと、苦手なことを認識し、それを園全体で共有し合うことだと思います。制作活動でも、自分や同僚の得意なことを活かせる環境づくりが大切ですね。中堅保育者としては、ベテランと若手の間に入って調整する際にも、若手の得意なことを認めて、得意なことを活かせるようにすることを心がけていました。

第 **4** 章

保護者との関係における
ストレスとその対処法

日々の送迎時、保護者から何か言われないかな…、とびくびくしていませんか。そのように身構えてしまうと、保護者と話すことが苦痛になります。本章で保護者との適切な関係性や距離感をつかみ、ともに子どもの育ちを支援しましょう。

保育者にとっての保護者との関係

　保育は、保護者との関係を避けては通れない仕事です。保育所保育指針等には、在園児の保護者及び地域の保護者に対する子育て支援が位置づけられています（厚生労働省, 2017;文部科学省, 2017;内閣府・文部科学省・厚生労働省, 2017）。責任をもって保護者の子どもを預かり、日々の保育を通して子どもの命と健康を育むのが仕事です。ですから、毎日の保育を保護者にわかりやすく伝え、保護者の理解を得ながら保育することが重要です。

　保護者と心を通わせながら、子どもにとってより適切な保育を行っていきたいと思っても、保護者との関係に時には不安を感じたり、葛藤を感じたりすることがあります。これは、保育者の気持ち・考えと保護者の気持ち・考えがいつも一致するとは限らないためです。そうした時、保育者は保護者に対して苛立ちや憤りを感じたり、自分の保育に自信を失ったりすることがあります。

　保育者と保護者の気持ちが一致しない場合とは、具体的にどのような場面があるでしょうか。本章では、事例を通して、保育者と保護者それぞれの立場から互いの気持ちについて考え、実際にどう対応したらよいのかを具体的に考えていきます。

■ 保育所等での保護者支援のストレス

　幼稚園・保育所・認定こども園のように、毎日子どもが通園する保育施設では、子どもの姿を頻繁に伝えるなど、保護者と密接に連絡をとりながら保育を行います。子どもに関する詳細な情報を園と家庭で共有し、家庭との緊密な連携の下に保育を行います。

　一方、保育者が保護者の理解を求めても、理解が得られないと感じたり、保護者との間に埋まらない溝を感じたりすることがあります。これは、保育者が保護者の立場や気持ちを十分に理解できていなかったり、反対に、保護者が保育者の立場や保育の実際を十分に理解できていなかったりするためで

す。保育の場にいるのは基本的に子どもと保育者であり、保護者は保育者からの報告や連絡を通じて子どもの姿を知ることになります。保護者が保育の場に常にいるわけではないので、保護者にとっては保育が見えにくいのです。このように、互いの立場や状況の違いによって生じる保護者との感じ方や気持ちの相違から、保育者はストレスを感じます。

　では、どうすれば保護者が保育者の立場や状況を理解しやすくなるのか、そしてどのようにすれば保育者が保護者の気持ちに寄り添った対応になるのかを、事例から考えてみましょう。

■ 地域子育て支援での保護者支援のストレス

　地域子育て支援拠点では、公共施設や保育所・児童館などにおいて地域の子育て家庭に対する支援を行っています（内閣府, 2015）。ここでは、親子が気軽にいつでも利用できるようなオープンスペースになっているため、親子にとって利用しやすい反面、地域子育て支援の支援者にとっては、親子のことをよく知らない状況で支援する難しさがあります。また、幼稚園や保育所等と違って、毎日通園する施設ではないので、1回の利用をどう支援につなげていくかという難しさもあります。さらに、親子が一緒に利用することが多いため、子ども同士だけでなく、保護者同士の関係にも配慮する必要があります。また、保護者が常に子どものそばにいることは、保育者にとっては自分の保育を保護者から「見られている」状況になります。

　こうした地域子育て支援特有の保護者支援の難しさから、保育者はストレスを感じます。事例を通して、保育者と保護者双方の立場から互いの気持ちを考え、どのような対応をするとよいのかを考えてみましょう。

【若手保育者】いじめと遊びの境界線はどこ？

年少組（3歳）のシンちゃんの保護者から、担任のリュウ先生に電話がありました。

「友だちからいじめられているようで、とても心配している。毎朝、幼稚園へ行きたくないと泣いている。幼稚園ではいじめを把握しているのか？」

シンちゃんは、活発な子どもです。幼稚園では毎日のように友だちとかけっこしたり、戦隊ごっこをして、楽しく遊んでいると思っていたので、リュウ先生はとても驚きました。

保護者の話によると、「シンちゃんが折り紙で作った戦隊の武器を持っていると、友だちが叩いたり蹴飛ばしたりしてくる」ということです。

保護者には、幼稚園で楽しそうに遊んでいる様子を伝えつつ、子ども同士の小さなトラブルは毎日のように生じ、子どもの育ちに大切であることを伝えました。しかし、保護者は「いじめにつながる小さな出来事を見過ごされては、安心して預けられない」と言い、納得がいかない様子です。

リュウ先生は、シンちゃんが戦隊ごっこの遊びをしていると思っていたのですが、保護者からそう言われてしまうと、自分がいじめの芽に気づけなかったのではないかと、自信がなくなってしまいました。

事例の
読み解き方

それぞれの立場から考えてみよう

CHAPTER 1
CHAPTER 2
CHAPTER 3
CHAPTER **4**
CHAPTER 5

◎ 若手保育者のリュウ先生の気持ち

　園では、子ども同士のトラブルは毎日のようにありますね。子どもはいざこざを通して、自分と異なる相手の気持ちに気づき、相手を思いやることが少しずつできるようになるため、発達上欠かすことのできない大切な経験です。リュウ先生もそのように理解していたのですが、いじめを心配する保護者の言葉に「いじめを把握していなかったのだろうか」と対応に悩んでしまいました。

◎ シンちゃんの気持ち

　3歳児は見立て遊びが豊かになり、ヒーローやヒロインなどになりきって遊ぶことが楽しくなる時期です。なりきって遊びながら、友だちとイメージを共有し、遊ぶ楽しさを経験しています。しかし、3歳児は力加減がうまくできないことも多いため、友だちを強くたたいたり、蹴ったりすることもしばしばです。また、3歳児には発達心理学でいう、「自己中心性」があります。自分と他者の視点を区別できず、自分の視点や経験を中心に行動します。それらのことから、けんかになってしまうこともあります。

◎ 保護者の気持ち

　保護者は、子どもが園でどう過ごしているかについて、とても気がかりです。加えて、登園を渋るようなことがあると、途端に心配になります。
　どうして幼稚園へ行きたくないのかと子どもに一生懸命聞こうとしますが、かえってシンちゃんに「やられたこと」だけを強く意識させてしまい、ますます園に足が向かなくなってしまうことがあります。保護者としては心配が大きくなり、幼稚園でしっかり対応してほしいと思うのも当然かもしれません。

| 対応の
着眼点 | **いじめを心配する保護者に悩む若手保育者の対応** |

◎ **同僚の保育者に、子どもの遊びをどう見ているのか聞いてみる**

　保育者は、多くの子どもたちとかかわり、子どもの発達について専門的な視点で理解します。しかし、その理解が保護者から見える子どもの姿と必ずしも一致するとは限りません。保育者が子どもの自然な姿として理解することでも、保護者の目には「いじめられている」と映ることがあります。

　自分の子ども理解に不安になったときには、同僚の保育者に相談してみましょう。複数の保育者で見ることで、より適切に子どもを理解することができると思います。それらの理解を生かして、より適切な対応を探るようにしましょう。

◎ **子どもが楽しく登園できるように配慮し、保護者が安心できるようにする**

　保護者の「いじめられていて登園を渋っているのではないか」という強い不安に、保育者が「トラブルも大事な経験だ」と答えてしまうと、保護者は反発しかねません。いじめかどうかではなく、シンちゃんが「幼稚園へ行きたくない」理由を考えましょう。もしかしたら、戦隊ごっことは別の理由があるかもしれません。

　しばらくの間は、心配している保護者に、意識的に幼稚園での様子や子どもの育ちを伝え、保育者が子どもをしっかりと見ていることを理解してもらうとよいでしょう。例えば、次のような伝え方です。

　「今日、お友だちと戦隊ごっこをしている最中に、お友だちの作った剣がシンちゃんに当たってしまいました。相手の子はすぐに『ごめんね』と謝ることができました。その後は仲直りして互いに当たらないように、加減しながら遊んでいました」

　また保護者の前で、子どもに「嫌だな、困ったなと思ったら、先生に教えて

● 保護者との関係におけるストレスとその対処法

ね」と直接話しておくと、保護者も安心できると思います。

◎ **クラスだよりで、その年齢に応じた発達の特徴を事前に伝える**

3歳児は、友だちと一緒に遊ぶことが多くなる反面、イメージを共有できないことや力加減の不十分さ、言葉のやりとりの不足などから、日常的にトラブルが発生します。しかしそのほとんどは、保育者が仲立ちとなって互いの気持ちを知らせることで、自然に仲直りできたり、いざこざを繰り返しながらもより良い友だちとのかかわり方に気づいたりしていきます。

こうした3歳児ならではの発達の姿を、おたよりなどで予め知らせておくなど、普段から子どもの姿を保護者に理解してもらうとよいでしょう。保護者が子どもの発達の理解を深めるために、こうしたクラス全体に向けたおたよりはとても有効です。

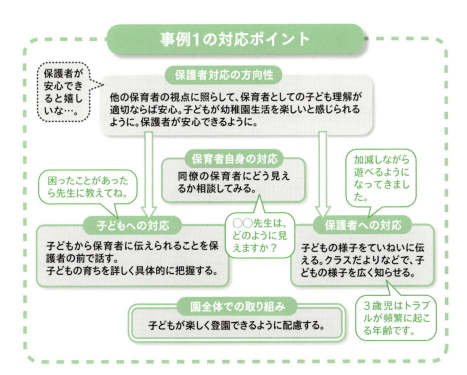

事例2 【若手保育者】子育てについては全部、園にお任せなの？

　ヒロ先生は、園と家庭の連携によって初めて保育は成り立つと考えています。特に水遊びの用意など、園だけでは用意できないものは、早い時期から事前にお便りで家庭に知らせるようにしています。

　しかし、マミちゃんの保護者は、手紙を読んでいないのか、忘れ物や間違いが多く、予定していた保育ができません。そこでヒロ先生は、送迎時に手紙の内容を口頭でも伝えたり、用意してほしいことをマミちゃんの保護者に直接伝えたりしました。でも、なかなか改善がみられません。ヒロ先生には、マミちゃんの保護者がうっかり用意を忘れてしまうというよりも、育児に関心が薄いために用意できないように思われます。

　先日も、マミちゃんがもうすぐ2歳半になるので、そろそろトイレトレーニングを始めてはどうかと保護者に提案してみました。園だけでなく家庭でも行ってほしいことを伝えたのですが、「家でできないので、園でやってほしい」と、取り組む様子がみられません。ヒロ先生は、保護者にもっと育児に関心をもってほしいと思っているのですが…。

　子育てについては、何でも園にお任せの保護者の態度に、保育を子育て代行と思っているのではないかと、ヒロ先生は少々苛立ちを感じています。

保護者との関係におけるストレスとその対処法

事例の読み解き方 それぞれの立場から考えてみよう

◎ 若手保育者のヒロ先生の気持ち

　子どもは毎日、園と家庭を往復して生活しています。ですから、保育者が保育を行っていくためには、保護者の理解と協力が不可欠ですね。保育者にとって、保護者に協力を求めて働きかけるのは当然と感じると思います。特に家庭で用意し、園へ持ってきてほしいものは用意してもらわないと保育に支障が生じ、困るのは子どもです。

　ましてやトイレトレーニングのように、子どもの24時間の生活を念頭に保育する必要があるものは、家庭でも取り組んでもらわないと、なかなか先に進めず子どもにも負担が大きくなります。育児に関心の薄い保護者の対応では、「どうしてわかってもらえないのか」と感じることでしょう。

◎ 保護者の気持ち

　保育は外から見えにくいため、保護者には、保育がブラックボックスのように感じられるそうです。保護者の中には保育がサービスの一つであり、それを享受することは当然のことと考えている人もいます。これは、保育や親の役割についての理解が十分ではないためといえます。

　また、1・2歳児は、イヤイヤ期ともいわれ、保護者の負担も大きくなる時期です。特にトイレトレーニングは、順調に進まないことが多く、保護者の負担や不安も大きくなりやすいのです。「先生の言うように園だけでなく、家庭でもしてほしいというのはそのとおりだと思う」「でも、仕事から帰って、食事を用意して子どもに食べさせ、お風呂に入れて寝かせるまで、戦争のような毎日」「手紙をゆっくり読んでいる時間もないし、読むのが面倒」。保護者がこのように思うのも仕方のない一面もあります。

| 対応の
着眼点 | **育児に関心の薄い保護者に悩む
若手保育者の対応** |

◎ **保護者が子どもへの関心を高め、保育に理解を深められるようにする**

　保護者が関心をもちやすいのは、何といってもわが子についての話題です。園での子どもの生き生きした姿を、保護者にわかりやすく伝えて、子どもへの関心を高められるようにしてはどうでしょうか。生活や遊び場面での子どものちょっとした一言や、思わずプッと笑ってしまうような行動を知らせてみましょう。「水遊びではペットボトルのじょうろでにっこり。ジャーッと水を流して満足そうです」「おしっこが出たら嬉しくてたまらず、保育者全員に『おしっこでた！』と報告して回っていました」。口頭で伝えたり、保護者の目につきやすい場所に写真とともに掲示すると、さらに保護者にわかりやすくなります。このような写真とともに子どもの成長を記録し保護者に伝える方法を「ポートフォリオ」と呼びます。保護者と子どもの成長の喜びを共有しやすくなります。

　その他、保護者に事前に知らせたい時は、園だよりとは別に、送迎時や連絡帳を活用して個別に知らせるようにするなど工夫しましょう。保護者に知らせたものを用意してきてもらえたら、しっかりと労いの言葉や感謝を伝えましょう。

◎ **保護者の子育てを肯定的に受け止め、自信を高めていけるようにする**

　保護者が子育てに消極的で、子育てに対する関心が薄いと感じる場合、保護者自身が「どうしたらよいかわからない」ためだったり、子育てがうまくいかずに自信をなくしていることが考えられます。まずは、家庭での子育ての様子をよく聞いてみましょう。そして、保護者が上手に対応できているところを見つけて、「いいアイデアですね。園でも参考にさせていただきます！」「気がつかなかったです。さすがお母さんですね！」など、**保護者が子育てに**

自信を高めていけるようにすると、子育てに前向きな気持ちがもてるようになります。

◎ 園での取り組みの方法を具体的にわかりやすく伝える

例えば、トイレトレーニングについては「園ではこんなふうに対応しているんですよ」と、実際に園でやっていることを実演できるとよいですね。家庭でトイレトレーニングを始められないならば、最初は園だけでも始めて、「今日は、マミちゃん上手におトイレできたんですよ！」などと保護者に伝えましょう。「家でもやってみようかな？」と、保護者の気持ちが動くかもしれませんね。

保護者が休日だけでも取り組んでみようと思ったら、その結果を聞いて、うまくできたところを認めながら、少しずつ進めていけるといいでしょう。保護者と一緒に子どもを育てている実感がもてたら嬉しいですね。

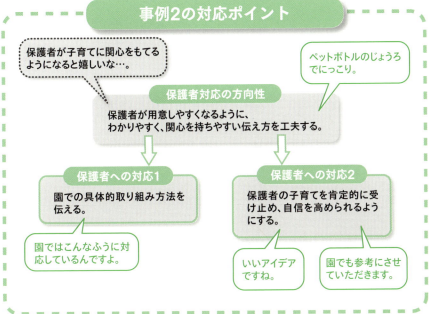

【若手保育者】仕事を優先せざるを得ない気持ちはわかるけど…

　熱があると登園できないため、子どもに座薬を入れ解熱させて登園させる保護者がいます。担任のユリ先生は、仕事を休めない保護者の状況を理解しつつも、子どもの身体への負担が大きく、控えてほしいと伝えました。しかし、一向に改善されません。

　保育は、子どもの命を預かり、健康な身体を育むことを大切にする仕事です。ユリ先生は保護者の対応に納得できず、憤りさえ感じています。保護者の状況を理解したいと思ってはいますが、子どもがかわいそうで、保護者の対応を受け入れられません。解熱剤を入れた時は顔色が悪く、とてもだるそうにしています。食欲もありません。医務室でゆっくり休めるように対応していますが、保護者との間に埋まらない溝を感じます。

　一方でユリ先生は、保育者にとって、保護者の子育てと仕事の両立を支援していくことは業務の一つだと理解しています。保護者が仕事を休みにくい状況があることも承知しています。でも、子どもの命や健康は何時も優先されるべきだと考えます。保育者は、子どもの最善の利益を考慮した保育を行う使命があります。保護者支援と子どもの最善の利益との狭間で、ユリ先生は葛藤し悩んでいます。

保護者との関係におけるストレスとその対処法

事例の読み解き方

それぞれの立場から考えてみよう

◎ 若手保育者のユリ先生の気持ち

　子どもの命と健康を最優先に考えたい気持ち、よくわかります。子どもに代わって本人の気持ちや状況を親に伝えていくことができるのは、保育者です。座薬によって解熱しても、身体が回復していないため、集団の保育は、子どもの身体に負担が大きいことを保護者に理解してほしいところです。また、他の子どもへの感染のリスクもあります。説明しても保護者が理解してくれず、子どものつらそうな姿を見ると、やりきれない思いを感じることでしょう。

　一方で、仕事を休めない・休みづらい保護者の対応では、保護者の状況も理解し、受け止めなければいけないという葛藤があります。子どもの命や健康を大事に思うからこそ、葛藤が大きいのでしょう。

◎ 保護者の気持ち

　保護者の中には、子どもが熱を出しても、職場の人手が足りない、責任あるプロジェクトを任されているなど、どうしても仕事を休めない理由がある人もいるかもしれません。保育者も少し体調が悪い程度では休みにくいのと同様です。園が預かってくれない場合、子どもを家に残して仕事に行かなくてはならない状況になる可能性もあります。

　「本当は家で子どもをゆっくり静養させてあげたいし、看病してあげたい。でも、今日は難しい。子どもには申し訳なく思っている」「子どもを一人で家に置いていくことは避けたい。大事なわが子だからこそ、園にお願いしたい」。親もやむを得ない中で子どもを園に預ける方法を選択しているかもしれません。

対応の着眼点

仕事を優先せざるを得ない保護者に悩む若手保育者の対応

◎ 子どもが発熱した場合に預けられる体制を整えるよう保護者に勧める

　子どもの急な発熱などに備えて、子どもを預けられる人や場所を3つくらい用意しておいてもらうとよいでしょう。保護者の父母や近所の人、ママ友などのネットワークを活用して、急な子どもの発熱に備えている人もいます。「子どもが熱を出しても仕事を休めない時にはお願いできるかしら？」と、周りの人に聞いておくことがポイントです。

　最近では病児病後児保育施設が設置されるようになっています（厚生労働省, 2009）。こうした施設には看護師等が配置されており、保護者が安心して子どもを預けられます。あらかじめこうした施設を調べてまとめておき、「病児保育施設は○○にあります」と保護者に紹介すると、保護者の支えになるでしょう。

◎ 感染症にかからないように予防対策を行う

　子どもが感染症にかからないように、普段から衛生的な保育環境を維持することが大切です。そして、子どもが感染症にかかった疑いのある場合は、感染が広がらないように速やかに適切な処置を行えるように、準備しておきましょう。

　感染症が流行する時期は、家庭でも予防してもらうよう、園だより等を通じて注意喚起しておくことも大切です。「毎年この時期は○○が流行します。ご家庭でもうがい・手洗いをお願いします」のように具体的に伝えましょう。長期間お休みせずに登園できるように、規則正しい生活や健康管理も重要です。

◎ 子どもの利益と保護者支援の両立を目指す

　保護者が仕事を休めないことは、本来は保護者が責められることではあり

ません。子育てに対する職場の理解を深めていくことや、子育てと仕事の両立のために必要な施設や制度を整備していくことが社会全体に求められています。

　保護者が子育てしながら仕事をしていることに対して、保育者には、保護者の気持ちに寄り添いながら、子どもの福祉を実現していくことが求められます。保護者も子育てに厳しい社会状況でともにがんばっている仲間だと考えると、葛藤が軽くなるかもしれませんね。

　例えば、子どもがもう一日長く家庭で静養することが、病気の早期回復につながることなどを保護者に伝えるなど、地道で具体的な提案を積み重ねていきましょう。

事例3の対応ポイント

仕事と子育ての両立が難しくて、保護者も困っていることがわかると、一緒にがんばっていけそう。

保護者対応の方向性

社会状況から生じている問題であり、子どもの最善の利益を守りながら、保護者支援にもなる方法を考える。

保護者への対応

子どもが発熱した場合に預けられる体制を整えておくように勧める。感染症が流行する時期は、園だよりで家庭に注意喚起する。

預かってくれる人を3人くらい見つけておくといいですよ。

病児保育施設は○○にあります。

毎年この時期は○○が流行します。うがい・手洗いをお願いします。

園全体での取り組み

感染症等にかからないように、予防対策を行う。

事例4 【若手保育者】子どもが噛まれていたことを知らずに降園させてしまった！

　降園後、2歳児担任のカナ先生に、「子どもが他児から噛まれたのに、担任からは何の連絡もない。子どもをしっかり見ていないのではないか？」と、保護者から電話がかかってきました。子どもが噛まれたりケガをしたことを知らずに降園させることがないように常に細心の注意を払っていましたが、この時は気づかずに降園させてしまったようです。

　そこでカナ先生は、気づかずに降園させたことを謝罪しました。保護者からは「子どもが噛まれたことよりも、それに気づかないというのはどういうことか」と厳しくお叱りをいただき、カナ先生はすっかり落ち込んでしまいました。

　一方で、多くの子どもを保育しているので、家庭のようには見られない現状があります。カナ先生も、保護者が自分の子どもをしっかり見てほしい気持ちはよくわかります。でも、その気持ちに応えきれない状況に限界を感じてしまいます。

　子どもが噛まれたことに気がつけなかったことは申し訳ないと思っていますが、しっかり見ていなかったと言われることに対して、反発したい気持ちもわいてくるのです。

保護者との関係におけるストレスとその対処法

事例の読み解き方 それぞれの立場から考えてみよう

◎ 若手育者のカナ先生の気持ち

噛みつきは、友だちとのかかわりが増えてくる一方、言葉では十分に伝えられない時期に多く発生しやすいようです。この時期は子ども同士のかかわりも多くなるため、場所やおもちゃの取り合いなどのいざこざも生じやすく、保育者にとって気の休まらない時期になります。さらに、いつも同じ子どもが噛んでしまうことがあり、カナ先生もどうしたらよいかと悩みが大きくなっていたようです。

一方で、こんなにがんばっているのに、どうして保護者は理解してくれないのかと思う気持ちもあるでしょう。家庭では子どもが少ないために、十分に目が行き届きやすいのに対して、保育所は多くの子どもがいるので、気づけないこともあります。それで仕方ないとは思っていませんが、家庭と同様のかかわりを求める保護者にどうか責めないでほしいと思うこともありますね。

◎ 保護者の気持ち

保護者にとって、自分の子どもは宝物のような存在です。傷がなくわが子が家に戻ることが、保護者には当たり前のことなのです。家庭で見ている時のように、保育所でも大切に見ていてほしいと願います。わが子が噛みつかれた痛さを、自分のことのように感じます。そのことについて保育者から連絡がなく、気づいてくれていなかったと思うと、抗議せずにはいられない気持ちになります。

さらに、保護者には保育の状況がわかりづらく、保育者がどれほど一人ひとりの子どもにていねいにかかわろうとしているか、それでもたくさんの子どもがいるので気づけない時があることを、理解しにくい立場にあります。

| 対応の
着眼点 | 噛みつきへの対応に苦情を言う保護者
に悩む若手保育者の対応 |

◎ 保護者への謝罪とともに、噛みつきを予防する具体的な対応を伝える

保護者の心配な気持ちを理解し、「気づけずに大変申し訳ありません」と、まずは真摯に謝罪しましょう。そして、噛みつきやすい子どものそばにできるだけいて止めるようにするなど、今後の対応策を具体的に伝えます。

また、子どもの噛みつきについて園内研修を提案するなど、専門的な対応を学ぶ場を設けて、園全体で噛みつきの予防に取り組めるようにしましょう。噛みつきは昼食前後など保育者が多忙になり、子どもとのかかわりが手薄になる時間や、子ども同士が過密な状態にいる時に発生しやすいと指摘されています（八木・北九州市保育士会, 2013）。園全体で保育環境を見直し、噛みつきの発生率を減らすことを検討しましょう。

◎ 保育参加などを通して、保護者が保育の理解を深められる機会を設ける

保護者が子どもを大切に思う気持ちに変わりはありませんが、保育者が普段どのように保育をしているかについて、保護者に理解を深めてもらうことが大切です。保育者の子どもに対するかかわりを見てもらうこととあわせて、たくさんの子どもを保育する中では、家庭のように気づけない時もあることをわかってもらえるかもしれません。保育者への過度な要求が生じないようにするためにも、保護者が保育へ参加する機会を作っていくことが大切です。

保育参観や保育参加は、保護者が保育者の大変さに気づく機会となるだけでなく、子ども同士のかかわりについて「友だちと一緒に遊ぼうとするからこそ、噛みつきが発生してしまう」と、子どもへの理解を深める機会にもなります。

◎ クラスだよりなどで子どもの様子を発信する

　仕事をしている保護者は、保育参加や保育参観への出席が難しい場合もあります。そうした保護者へは、クラスだよりなどを用いて、子どもたちの普段の様子を伝えるとともに、噛みつきが発生しやすい年齢であることを事前に知らせておくとよいでしょう。

　そして、「噛みつきは、友だちと遊ぶことが多くなる半面、言葉で十分に伝えられないために起こります」のように友だちとのかかわりが増えてくる一方、まだ言葉で十分に伝えられないことから噛みつきが生じることも伝えておくと、噛まれた子どもの保護者と、噛んだ子どもの保護者のトラブルを未然に防ぐことができるでしょう。保護者が子どもの発達と関連づけて噛みつきを理解できると、子どもの発達に見通しをもてるようになり、保護者も安心できますね。

事例4の対応ポイント

園全体で噛みつきの防止に取り組めると、保護者も保育者も安心だな。

保護者対応の方向性

子どもの発達を理解し見通しをもてるようになると、保護者が安心できる。
園全体で噛みつきを予防するための取り組みを園長や主任に提案する。

保護者への対応1

気づけなかったことを真摯に謝罪する。
噛みつきを予防するための具体的対応を伝える。

気づけずにたいへん申し訳ありません。

保護者への対応2

クラスだよりなどを通して、子どもの様子を伝えておく。

噛みつきは、友だちと遊ぶことが多くなる半面、言葉で十分に伝えられないために起こります。

園全体での取り組み

噛みつきの発生しやすい時間帯や状況など、研究知見を学ぶ。
園全体で保育環境を見直し、改善を検討する。
保育参加など、保護者が保育を体験的に理解できる機会を設定する。
給食前後は補助の先生に保育に入ってもらう。

事例5 【男性保育者】「男性保育者は…」って言われるのは、悲しい…

　乳児クラスを担任しているシンジ先生は、男性の保育者です。先日、担任する子どもの保護者から「乳児の時は、男性より女性の保育者のほうが安心できる。男性保育者は乳児クラスに向いてない」と言われてしまいました。どうやら、朝の登園時にシンジ先生に抱っこされると子どもが泣き止まないことが多く、「乳児は男性保育者になつかない」と保護者が考えたことが理由のようです。

　シンジ先生は「自分は乳児クラスの経験が浅いので、ベテランの女性保育者に比べると乳児のあやし方などがぎこちなく、保護者から言われても仕方ない」と感じる部分があるようです。

　しかし、シンジ先生は子どもが大好きでこの仕事を選び、男性であっても愛情深く保育し、女性保育者に劣らず専門的に保育ができると、誇りをもってきました。ですから、保護者から「男性保育者は乳児クラスに向いてない」と言われると、とても悲しい気持ちになります。男性だからという理由で自分のがんばりを理解してもらえないことに、シンジ先生は無力さを感じています。

保護者との関係におけるストレスとその対処法

事例の読み解き方 それぞれの立場から考えてみよう

CHAPTER 1
CHAPTER 2
CHAPTER 3
CHAPTER **4**
CHAPTER 5

◎ **男性保育者のシンジ先生の気持ち**

　「男性保育者は乳児クラスに向いてない」などと言われるのはとてもつらいですね。保育は、性別に関係なく高い専門性が求められる仕事です。保育者としてその園に採用され、担任を任されていることに誇りをもって保育をしたいですよね。

　保護者が自分の保育を認めてくれるようになるには、一体どうしたらよいのか、シンジ先生は悩んでいます。これまでがんばってきたことを、男性だからという理由で認めてもらえないと、これからもがんばっていこうとする気持ちがすっかり萎えてしまいますね。保育者の性別を気にする保護者の対応に、シンジ先生は悩んでしまったようです。

◎ **保護者の気持ち**

　保育の仕事はこれまで、女性が多く携わってきました。そのため保護者の中には、男性保育者になじみがなく、不安に感じる人もいます。性別によらず、誰にでも得意不得意がありますが、今回は男性だからという理由で考えてしまったようです。

　男性保育者に不安を感じている保護者が、少しずつ安心感をもてるようになるといいですが、「男性でもしっかり保育できます」と言うだけでは、保護者の不安は消えません。男性保育者ならではの保育を保護者にみてもらったり、積極的にコミュニケーションをとることで、男性保育者の理解を深めていけるといいのではないでしょうか。遠回りに思えても、地道な保護者とのかかわりの積み重ねがあってこその信頼関係です。

101

| 対応の
着眼点 | **男性保育者に偏見をもつ保護者に悩む
男性保育者の対応** |

◎ 保育の専門性に性別は関係ないと保護者に理解してもらう

　保育では、保育者に専門性が求められます。そのことに男性も女性も違い
はありません。特に乳児保育では、清潔で安全な環境で子どもが安心して生
活できるような養護的なかかわりが重要です。ですから、保護者の言葉をそ
のまま受け止めず、保護者自身が男性保育者になじみがないため、不安に感
じていると解釈しましょう。

　実際に、男性保育者がいる園のほうがいいと考える保護者も多いようです。
「もうすぐ、最初の一歩が出そうです。何度も立ち上がり、バランスをとって
いますよ」というように、子どもへのていねいなかかわりや専門的知識・スキ
ルを保護者にわかりやすく伝え、**性別によらず保育者としてしっかり保育で
きる**ことを保護者に理解してもらえるようにしましょう。

◎ 男性保育者に不安を抱く保護者と積極的にコミュニケーションを図る

　あなたのことを信頼してくれていない保護者には、何となく話しかけづら
く感じるもの。だからこそ、反対に自分から積極的に話しかけたり、保護者
から話を引き出して、コミュニケーションを図ることが必要です。

　子どもたちがあなたに信頼を寄せて、日々楽しく過ごしている姿を見るこ
とによって、保護者は男性保育者に対する理解を深めていくでしょう。

◎ 自分が得意とする保育を大切にして、あなたの魅力を保育に活かす

　あなたの得意な保育は何ですか。人によって得意なことは違いますね。ピ
アノよりギターを弾くのが上手な人がいたり、子どもをダイナミックに抱っ
こして揺らしてあげるのが上手な人がいたり…。絵本を男性の声を活かして
読むと、女性の保育者とは違う絵本の世界が広がるかもしれません。あなた

が得意とする保育をしている時には、誰よりもいきいきと魅力的な保育をしていることでしょう。例えば「ギターを弾くのが得意なので、子どもたちの表情を見ながら歌っています」と、保護者にあなたの魅力を伝えてみましょう。

◎ 悩みを共有し、励まし合える男性保育者のネットワークをもつ

同じ年代の男性保育者と悩みを分かち合ったり、先輩の男性保育者から助言をもらったりできると心強いですね。自分の将来像を思い描くこともできるので、目標が明確になり、日々の保育のやる気もにもつながります。

事例5の対応ポイント

保育の専門性に男女の別はないから、自信をもって保育しよう。

保護者に、男性保育者に対する不安があるのかな？

保護者対応の方向性

保育者に必要とされる専門性に男女の違いはない。
性別によらず、保育者として子どもと適切にかかわる。

保護者の言葉は不安な気持ちの裏返しだと考える。
保護者が安心感・信頼感をもてるようにする。

男性保育者自身の対応

自分の得意なことを活かした保育を大切にする。
男性保育者のネットワークをもつ。

保護者への対応

保護者が安心できるように、保育をていねいに説明する。
何気ない会話を大事にしたコミュニケーションを積み重ねる。

ギターを弾くのが得意なので、子どもたちの表情を見ながら歌っています。

もうすぐ、最初の一歩が出そうです。何度も立ち上がり、バランスをとっていますよ。

【ベテラン保育者】初任保育者だってがんばっているのに…

昨日、初任保育者のカズ先生から、主任先生に次のような相談がありました。

「ある保護者が去年のベテラン保育者の先生と比較し、自分のできないところを他の保護者に言いふらしている。私は、保護者との信頼関係を築いていきたいと努力してきたつもりだった。しかし、自分への不満が保護者間で話題になっていると思うと、疑心暗鬼になり、保護者と話すことが怖くなってしまった」

本人が話すように、主任先生はこれまで、カズ先生が保護者とていねいにかかわってきたことを知っています。送迎時には必ず玄関まで来て保護者一人ひとりに自分から話しかけていました。また、その子どもの様子を伝えようと努力していることも見ていました。主任先生は、カズ先生が自信を取り戻し、保護者とかかわるように支えたいと思っています。

一方で、保護者の理解を得るのも主任先生の役割です。カズ先生と保護者の板挟みになってしまい、主任先生は困ってしまいました。保護者の噂話への対応もどうしたらよいのでしょうか。

保護者との関係におけるストレスとその対処法

事例の読み解き方

それぞれの立場から考えてみよう

◎ 初任保育者のカズ先生の気持ち

主任先生に相談することで、カズ先生は自分のつらい胸の内を吐き出すことができたでしょう。これまで自分なりにがんばってきたことを、きちんと評価して認めてくれたことで、どんなにか慰められたことでしょう。

一方で、子どもとがんばってかかわり、保護者と信頼関係を作ってきたつもりだったのに、保護者から批判され、自分に自信を失っています。

◎ 主任保育者の気持ち

保護者と保育者が互いの立場を理解し、協力することが保育には不可欠です。そのため主任先生は、初任保育者の立場に立って擁護するだけではなく、保護者との橋渡しもしなければならず、難しい立場に立っています。主任先生は担任への不満を言いふらす保護者との関係を悪化させずに、カズ先生を守っていかなければならず、困っているようです。

◎ 保護者の気持ち

初任保育者のできないところを言いふらす理由の背後には、ベテラン保育者のように対応してほしい気持ちがあるのではないでしょうか。その不満や不安を他の保護者と共有して和らげているかもしれません。

子どもを大切に思っている保護者ほど、保育者のかかわりをよく見ていたり要求水準が高くなったりするため、「こういう場面ではもっとこうしてほしい」と感じてしまうのです。

105

| 対応の
着眼点 | **初任保育者と保護者との板ばさみに悩む
主任（ベテラン）保育者の対応** |

◎ 不満を言う保護者には、どうしてほしいかを聞く

　ベテラン保育者のやり方には納得していた保護者ですから、それに近い方法で行うことで解決する場合があります。その場合、「どの場面が気になりましたか」などと具体的な不満や要求を保護者に尋ねるとよいかもしれません。保護者の要求にすべて応えることはできませんが、要望として受け止め、「この方法を初任保育者に助言してみます」とできる範囲で対応することを伝えると、保護者の納得が得られやすくなります。

　また初任保育者が対応するのが難しい場合、園として対応することを保護者に伝えましょう。対応に関して不満がある場合は、保護者間で不満を回さず、園への要望という形で教えてほしいと伝えます。そして、保護者の不満や要望を適切な形で発信できるように、園での相談の窓口を明確に示す必要があります。

◎ 初任保育者に保護者の要望を伝え、具体的な方法を示す

　初任保育者のつらい気持ちを受け止め、理解したことを本人に伝えましょう。そのうえで、初任保育者か保護者の一方に立つのではなく、両方の橋渡し役になることを意識してかかわります。

　初任保育者には、保護者の言葉をそのまま受け止めて落ち込むのではなく、不満を言う保護者の「こうしてほしい」という要望に気づけるようにします。その際「本当はどうしてほしいんだろうね」と問いかけたり、「こうしたらどうかな？」と具体的な方法を示したりするとわかりやすいでしょう。初任保育者が上手に対応できた場合には、「このやり方は、（子どもと）保護者にとてもわかりやすいね」と、初任保育者を認める言葉かけを行うといいでしょう。

◎ **初任保育者だけでは対応が難しい場合は、ベテラン保育者が補助する**

　初任保育者にとって、保護者対応はとても難しい仕事です。保護者は自分よりも年齢が上だったり、子育て経験があったりと、初任保育者は自分の未熟さを感じることも多くなります。いろいろな考え方をもつ保護者がいるので、保護者一人ひとりに応じた対応も必要になります。

　初任保育者が保護者対応に戸惑っている場合、主任先生やベテラン保育者の援助が必要となります。保護者と気持ちよくかかわっていけるように、「難しいところだから、一緒にやってみようね。大丈夫」と主任先生やベテラン保育者が初任保育者と保護者の関係を橋渡ししながら援助すると、初任保育者も安心して保育できます。さらに保護者に初任保育者の良いところを伝えることで、保護者の安心や理解につながります。

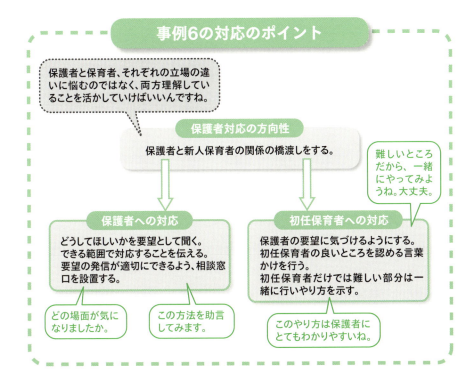

【園長先生】子どものために発達相談に行ってほしいけれど…

事例 7

4歳のタケちゃんは、集団活動が苦手で、急に保育室を飛び出したり、唐突に他の園児を叩いてしまいます。

先月、担任のアケミ先生から、園長先生に相談がありました。

「叱らないようにしなくてはと思っても、毎日のように注意してしまうことが多く、タケちゃんにとって良い保育が行えていないと感じてつらい。そればかりか最近では、クラスの他の子どもがタケちゃんを避けるようになっている」

タケちゃんは昨年度入園しましたが、当初から集団活動に参加することが難しく、複数担任が連携して個別にタケちゃんに対応してきました。しかし1年が過ぎても、苦手な活動があると保育室を飛び出してしまうなどの行動に改善がみられません。4歳になり力も強くなってきて、叩かれた子は恐さを感じており、クラスの子どもたちとの関係の悪化が心配されます。園長先生はアケミ先生と相談し、園で対応できることはすべて行っており、より専門的な支援が必要だと考えました。

そこで園長先生は、保護者に専門の医師などの行っている発達相談に行くことを提案しました。しかし、「うちの子どもを障害児扱いするのか」と保護者が感情的になり、強く反発されてしまいました。このままではタケちゃんに合った適切な保育ができないばかりでなく、保護者の理解も得られません。園長先生は対応に悩んでしまいました。

●保護者との関係におけるストレスとその対処法

**事例の
読み解き方**

それぞれの立場から考えてみよう

CHAPTER
1

CHAPTER
2

CHAPTER
3

CHAPTER
4

CHAPTER
5

◎ 担任保育者のアケミ先生の気持ち

　子どもたちみんなにとって、毎日が楽しく充実した園生活になるように、アケミ先生はいろいろと工夫してきました。一人では対応が難しい時には園長先生に相談し、クラスに入ってもらうこともありました。

　しかし、保育室から飛び出したり、友だちに手を出してしまう時などはタケちゃんを叱ってしまうことが多く、これでは良くないと悩んでいます。

◎ 園長先生の気持ち

　園長先生だからこそ、担任の苦労がよく理解でき、タケちゃんがこれから成長していく中で必要とする支援が受けられるようにしたいと願っています。発達相談では発達の特徴に応じた支援の方法がわかるため、園の保育に活かすことができます。タケちゃんにとっては、療育などの専門的支援を受けられます。そのことを保護者にも理解してほしいのに、強く反発されてしまい、これからどうしたらよいか対応に悩んでいます。

◎ 保護者の気持ち

　乳幼児期は発達の個人差が大きく、障害の有無にかかわらず個別的援助を必要とする子どもがいます。子どもへの適切なかかわりが必要となるため、専門の医師等が行っている発達相談を勧めます。

　しかし、保護者にとって、発達相談を勧められることは「あなたの子どもに障害がある（かもしれない）」と言われたのと等しく感じられます。保護者がわが子の障害を受容することは難しく、不安、挫折感、喪失感などさまざまな感情がわき上がります（ドローターら, 1975）。発達相談を勧められて反発してしまう背景には、とてもつらい気持ちがあるのです。

109

| 対応の
着眼点 | 発達の支援について担任保育者と保護者との葛藤に悩む園長先生の対応 |

◎ 保護者から家庭での様子を普段からよく聞き、保護者と一緒に考えていく関係を作る

集団活動に参加する難しさは、園の中でこそ気づきやすい面があります。家庭では集団活動はほとんどないので、園で気づくわが子の姿を保護者が実感する機会は少ないものです。

一方で、家庭ではどのように過ごしているのでしょうか。集団生活ではなくても、保護者が困っていることはないのでしょうか。**保護者が家庭で困っていることを一緒に考えていくことから始めると、保護者の理解も得られやすい**と思います。家庭で工夫してうまくいっていることは、園でも参考にできます。

◎ 担任保育者と一緒に、その子の良いところや育ちを見つけて保護者に伝える

障害の有無にかかわらず、子どもは日々成長しています。保護者にとって、わが子の成長は嬉しいもの。特に障害のある子どもの保護者は、子どものできないところばかりを指摘されることが多くなりがちです。だからこそ、わが子をよく見てくれて、肯定的に受け止め、大切に思ってくれる先生には信頼を寄せてくれます。

担任保育者は、保護者にとって一番身近な存在です。保護者との信頼関係を構築するために、園長先生が**担任保育者と一緒に、子どもの小さな育ちを見つけていきましょう**。それが、担任保育者への大きなサポートにもなります。

◎ 発達相談を勧める目的は、その子がより楽しく園生活を送れるようにするためであることを伝える

なぜ、保護者に発達相談を勧めるのでしょうか。発達相談は、障害の有無

を知ることが目的ではなく、その子がこれからも園生活を楽しく送っていくために、園ではどのようなかかわりが適切であるか、家庭ではどのようなかかわりが大切であるかを知るためです。発達相談を勧める理由と、それがどのように子どもの幸せにつながるのかを、保護者の気持ちに十分配慮しながらわかりやすく伝え、理解してもらえるようにしましょう。

　発達相談を勧めるタイミングとして、運動会や発表会などの集団行動のある行事で、保護者がわが子の様子を見る機会の後がよいでしょう。保護者と子どもの様子を共有しやすくなります。ただし、保護者の状況から時期尚早と判断されれば、少し時間をおくなど待つことも大切です。

事例7の対応ポイント

保護者も担任も、子どもの育ちをともに喜び、幸せを願う関係だから、きっとわかり合える。

保護者対応の方向性

担任保育者と保護者の両方をサポートする。

担任保育者への対応

園長が担任保育者と一緒に、その子どもの日々の育ちを見つける。保護者に肯定的に伝えられるようにする。

仲良しのお友だちと遊んでいる時に、お友だちにゆずってあげる場面がありましたよ。

お家ではどのように工夫していますか。園でも真似してみたいと思います。

保護者への対応

家庭での様子を聞き、保護者が困っていることをともに考える。
保護者に園での子どもの様子を見てもらい、共有できるようにする。
保護者の気持ちを十分に配慮しつつ、発達相談の目的を伝える。

楽しい園生活を送れるようにどんな工夫が必要か、発達相談の結果をふまえて考えましょう。

【園長先生】ママ友とのトラブルが原因で転園したい!?

　ユウキちゃんのお母さんから、「子ども同士の仲が良いので仕方なく付き合ってきたけれど、ママ友内のLINEで悪口を書かれてしまった」と、園長先生に相談がありました。お母さんは「ママ友と顔を合わせるのがつらいので、転園したい」と言います。子どものことではなく、保護者同士の人間関係の悩みから転園を考えているというのです。

　お母さんが悪口を書かれてしまったという相手は、ユウキちゃんと同じクラスの子どものお母さんたちです。入園前から子育て支援センターで知り合い、入園後もママ友グループを作っていました。とても仲が良さそうにしていて、他のお母さんは近寄りがたいほど仲良しにみえました。

　ところが最近、グループに入っていないお母さんの噂話をするようになり、ユウキちゃんのお母さんが「やめようよ」と意見を言ったところ、今度はユウキちゃんのお母さんの悪口が始まったということです。

　ユウキちゃんのお母さんは精神的に不安定になってしまい、「ママ友のことをいろいろと考えて苦しい」と話しています。ユウキちゃんへの影響も心配です。園長先生はお母さんの不安を軽減したいと思っていますが、保護者同士の園外での付き合いにどこまで介入するべきか悩んでしまいました。

●保護者との関係におけるストレスとその対処法

**事例の
読み解き方**

それぞれの立場から考えてみよう

CHAPTER
1

CHAPTER
2

CHAPTER
3

CHAPTER
4

CHAPTER
5

◎ 園長先生の気持ち

　園長先生は、在園するすべての親子を、数ある園の中から選んで入園してくれた大切な親子だと思っています。卒園するまですべての子どもの成長を保護者とともに見守っていきたいと考えていたので、保護者同士の関係の悪化による転園は何とか考え直してほしいと思っています。

　子ども同士のトラブルの対応であれば保育の専門性を発揮できますが、保護者同士のトラブルは介入しにくく難しいと感じています。どうしてお母さん同士の人間関係は、こんなにややこしい関係になってしまうのか、困惑しています。

◎ 保護者の気持ち

　入園前から子ども同士の仲が良く、しょっちゅう遊びに行き来していました。ママ友になってからは、子どもの情報交換や子育ての相談をしたり、用事がある時に子どもをちょっと預かってもらいました。もちろん、今までにもしつけの仕方が違うと感じたり、付き合いが負担に感じることもありました。でも、子どもが友だちと遊べなくなることが心配で、付き合いを続けてきました。

　しかし、もう限界と感じています。子どもが遊びに行きたいと言っても連れて行くのは嫌ですし、ママ友と顔を会わせるのもつらいです。ママ友と会うと思うと、園に子どもを迎えに行くのも気が重く、会うと気まずい雰囲気になります。子どもには申し訳ないけれど、こんな気持ちが続くよりは園を変えたいと思っています。

113

**対応の
着眼点**

保護者同士のトラブルに悩む
園長先生の対応

◎ 保護者の状態を把握し、家庭での子どもとの様子をていねいに聴く

　ママ友の話を相談してきた保護者は、転園を考えるほど深く悩んでいると思います。まずは、ママ友との話に心を傾けて聴き、保護者のつらい気持ちを受け止めましょう。その時、相談してきた保護者と相手のどちらか一方に過度に肩入れしないよう、中立的な立場で話を聴くようにします。

　その後、「どうしようもないほど気分が落ち込んでしまうことはありませんか」と保護者の精神状態を把握し、家庭での子どもとの様子をていねいに聴きましょう。不安が強い・不眠・イライラした気分が抑えられないなどの状態が続いている様子ならば、専門医の受診を勧めることも考えます。

◎ 保護者らが集まる場や時間に配慮し、顔を会わせずに済む工夫を考える

　悪口を書いた保護者と顔を合わせたくないのであれば、できるだけ会わなくて済む方法を保護者と一緒に考えましょう。まずは転園以外の方法を一緒に考えることが大切です。その際、園と保護者がどちらも実践できる方法でなければなりません。例えば、「園のお迎えの時間を少しずらしてみませんか」と提案する、行事への参加は最低限とするなどの対応を検討してみましょう。保護者が園でつらい思いをせずに、子どもが登園を続けられたら何よりです。

　保護者同士が無理に交流しなくても、子どもはさまざまなきっかけで友人関係を形成します。「今日は他のお友だちと新しい遊びをしていましたよ」と子どもがいろいろな友だちと遊んでいることを伝えたら、保護者も安心できるのではないでしょうか。

◎ **すべての保護者に、ママ友付き合いはほどよい関係が長続きすることを伝える**

　ママ友は、子育ての情報源となるだけでなく、育児ストレスの軽減になるなど、子育ての有効なサポートとなります。一方で、親としての役割を伴うため、一般的な友人関係とは違う付き合いの難しさもあります。良好なママ友関係を維持するためには、「ママ同士のお友だち付き合いは、お互いに無理のない関係でいることが長続きの秘訣です」と、それぞれがほどよい関係であることが大切である（實川, 砂上, 2013）と、折に触れて保護者に知らせていくとよいかもしれません。

　また、ママ友だけが子育てのサポート源となりうるのではなく、実父母や昔からの友人や趣味の友人、職場の同僚など、多様な人がサポート源となります（實川, 2014）。ママ友にこだわりすぎずに多様なつながりを活かして子育てできるように助言しましょう。

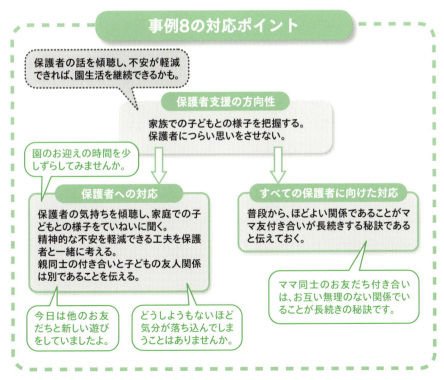

事例9 【地域子育て支援者】おしゃべりに夢中で子どもを見ていない！

　地域子育て支援拠点に勤務するユウさんからの相談です。ここは保護者が子どもと一緒に利用する施設で、子どもを預かって保育する施設ではありません。保護者が自分の子どもを見ていることが基本です。

　最近、いつも同じ子どもが、静かに遊んでいる年齢の低い子どもを突き倒してしまいます。ユウさんはしばらくの間、保護者が自分の子どもを注意するのを待っていました。しかしその子どもの保護者は、他のママと話をしていて、自分の子どもに注意をしません。

　そこでユウさんは、思いきって「他のママと話しながらでも、自分の子どもを見ていてほしい」と話してみました。しかし、見て見ぬふりをしているのか、他の子どもを突き倒すトラブルはなくなりません。子ども同士のトラブルが保護者同士のトラブルに発展することも多いため、ユウさんは、子どものトラブルを見過ごすことはできないと考えています。そのため子ども同士のトラブルは、必ず保護者に原因を説明し、納得してもらうようにしてきました。しかし、あまり強い口調で保護者に話すと保護者の気分を損ねかねません。

　保護者同士が気持ちよく交流できるようにしなくてはと思いますが、あっちの保護者にもこっちの保護者にも気をつかわなければならず、ユウさんは神経がすり減るような疲労感を覚えるようになりました。

保護者との関係におけるストレスとその対処法

事例の読み解き方 それぞれの立場から考えてみよう

CHAPTER 1
CHAPTER 2
CHAPTER 3
CHAPTER 4
CHAPTER 5

◎ 地域子育て支援者のユウさんの気持ち

　ユウさんは、利用者が「次にまた来たい」と思える支援を提供したいと思っています。その結果、支援者は利用するすべての親子に気をつかうことが多くなります。特に、子ども同士のトラブルから保護者同士のトラブルにならないように、気をつけなければなりません。ユウさんは、ママ友付き合い優先の保護者の対応で神経がすり減るような疲労を覚えるようになっています。

◎ 保護者の気持ち

　普段、子どもと二人きりで過ごしていると、大人との会話が少なくなりがちで、ママ友とのお喋りはかけがえのない貴重な時間です。だから、保護者はママ友との会話に夢中になってしまうのかもしれません。子育て支援拠点には自分の代わりに子どもを見てくれる支援者がいるので、安心して任せているのかもしれません。保護者にとっては、支援者を信頼しているからこそともいえます。

　また、ユウさんから「お子さんのことをしっかり見ていて」と言われても、子ども同士のトラブルにどう対応したらよいのかわからない可能性も考えられます。相手の子どもに申し訳ないと思う気持ちをもちながらも、自分の子どもの気持ちもわかるので、どうしたらよいのか難しいと思っているかもしれません。子ども同士のトラブルは、親にとってどう対応したらよいのかわからない難しい場面といえます。

117

| 対応の 着眼点 | 子どもよりママ友付き合いを優先する 保護者に悩む地域子育て支援者の対応 |

◎ 保護者に子どもとのかかわり方を示すモデルになる

　保護者は、支援者が子どもとかかわる様子から、子どもとのかかわりを学んでいるものです。「○○ちゃんは、〜したかったんだよね」「でも、どーんって押しちゃうと、お友だちは痛いよね」「〜してねってお口で言おうね」など、支援者の言葉かけや口調を保護者は聞いています。「先生ってすごいな〜」「やっぱり専門家だな〜」と感心しながら見ているかもしれません。

　そして保護者に「こうして話せば子どもは理解しやすいのかな」と思ってもらえると、保護者が自分から子どもに注意しやすくなるかもしれません。

　また保育者が自分の子どもの気持ちを理解してくれていると保護者が感じられることも大切です。子どもの気持ちを受容しつつ、その行為が不適切であることを子どもにどう教えていくのかを、保護者が学べるようにしましょう。

◎ 保護者のママ友とのお喋りの時間も大切にする

　ユウさんの言葉にもあるように、保護者にはママ友と夢中になってお喋りしたい気持ちがあります。子育て支援では、保護者がリフレッシュし育児負担感を軽減できることと、遊ばせながら子どもの健全な育ちを支えることの両立を図る必要があります。

　ママ友とのネットワークは、保護者の子育ての有効なサポート源になります。保護者の育児ストレスや育児不安を軽減したり、お互いの子育てを参考にするなど、保護者の子育てに有用なネットワークです。単なるおしゃべりではなく、**大事な子育てネットワークを作っていると考えると、少しの間、支援者が保護者に代わって子どもを見ること**も必要ともいえます。家に帰ったら、保護者はずっと子どもを見ていなくてはならないのですから、「子どもとちょっと離れたい時は見ていますから大丈夫ですよ」など、時にはちょ

っと子どもから離れたい気持ちを受け止めましょう。

◎ 保護者の気持ちを理解できるように、保護者グループの輪に入る

　お喋りをしている保護者グループができていると、その輪の中に入りづらく、保護者とのコミュニケーション不足になりがちです。一人ひとりの保護者の気持ちを理解するためには、時には支援者もママ友の輪の中に飛び込んで、話していくことも必要です。

　話してみると、本当の保護者の姿が見えてきて、それまで「見て見ぬふりをしているのか？」と思っていたことが、実は「公園でも児童館でも、他の子どもを叩いたり突き倒したりで、相手に謝ることが多くて悩んでいた」ということもあります。相手の気持ちが理解できていないと感じたら、ちょっと勇気を出して相手の懐に飛び込んで話しかけてみましょう。

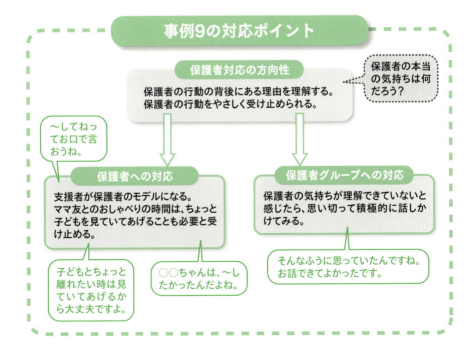

事例10 【地域子育て支援者】食事のアドバイスをしただけなのに…

シオリさんの勤務する地域子育て支援拠点では、親子が食事をしながらゆっくり利用できるように、昼ご飯を持ってきて食べてもよいことになっています。しかし、昼ご飯にスナック菓子や菓子パンばかり食べさせている保護者がいます。シオリさんは、子どもの食事がとても気になっていたので、アドバイスのつもりで保護者に声をかけました。

「お子さんはまだ幼児期なので、スナック菓子や菓子パンでは栄養が偏ってしまうかもしれません。この時期には、手づくりのお弁当がいいですよ。栄養バランスがとれているし、お子さんも喜ぶと思います」

ところがどうしたことか、「ここでは、個人の食事の内容にまで口を出すのか」と、保護者が怒り出してしまいました。シオリさんは「保護者が食事の大切さや栄養バランスについて知らないのかもしれない。もしそうだったら、どうすればよいのか教えてあげたほうがいい」と考えてアドバイスしたつもりだったのです。

どうしてわかってもらえず、怒られて嫌な思いをしなければならないのか、シオリさんは納得できない気持ちになりました。

保護者との関係におけるストレスとその対処法

事例の読み解き方　それぞれの立場から考えてみよう

CHAPTER 1
CHAPTER 2
CHAPTER 3
CHAPTER **4**
CHAPTER 5

◎ 地域子育て支援者のシオリさんの気持ち

　子育て支援拠点は、地域に開かれたオープンな場です。それゆえに、いろいろな保護者がいて、どう助言したらよいか戸惑いを感じることがあります。保育所や幼稚園は毎日通園するので、親子についていろいろな情報があり、よく理解して対応できます。しかし地域子育て支援では、どういう親子なのかをよく知らない状況の中で、子どもを適切に養育できるように保護者に助言することが求められます。

　今回の食育に関心の薄い保護者への対応は、親子にとって良かれと思った行動でした。しかし、保護者が怒り出してしまい、シオリさんは、「なぜわかってもらえないのか。逆に怒られて嫌な思いをしなければならないのか」納得できない気持ちになったようです。シオリさんは、地域子育て支援特有のかかわりの難しさを感じたことでしょう。

◎ 保護者の気持ち

　支援者が親子をよく知らないのと同様に、保護者も支援者がどういう人なのかよく知りません。シオリさんが良かれと思って助言したことであっても、よく知らない人から「それではだめだ。こうしたほうがいい」と言われると、不愉快な気持ちになります。

　食事など家庭内のことに直接触れられると、たとえ正しい情報であっても受け入れられない気持ちになります。食事はプライベートなことであるため、他人から口出しされることに抵抗を感じやすいのではないでしょうか。

121

対応の着眼点

子どもの食事に偏りのある保護者に悩む地域子育て支援者の対応

◎ 食事はコミュニケーションの場と考える

　食事は栄養摂取だけでなく、コミュニケーションの役割もあります。子どもが保護者と楽しそうに話しながら食事をすることを大切にしたいですね。

　そこで、まずは親子が昼食を楽しんでいる姿を認める言葉をかけてみましょう。「お母さんと一緒にお昼ご飯。楽しそうですね」「○○くんは、おいしそうなお顔でよく食べていますね」など、親子にやさしく声をかけられるといいですね。食事をしながらのお喋りは、**気持ちが穏やかになっているため、**普段コミュニケーションが十分とれていないと感じていた**親子とも話しやすい**と思います。

◎ 親子と仲良しになってきたら、食事について話題にしてみる

　子どもがお昼にスナック菓子や菓子パンばかりを食べている姿は、保育者として気になります。幼児期であればなおさら、栄養バランスを考えた食事を提供してほしいですね。

　一方で、子どもの食事についての悩みは、「食物アレルギーがある」「食が細い」「食べムラがある」「好き嫌いが多い」などの悩みが、意外と多いものです。保護者の相談に応じる中で、少しずつ食事の話題を取り上げてみて、悩みがないかを探ってみることも必要です。

　保護者が「どのような食事にしたらよいですか」と尋ねてきたらチャンスです。「リーフレットがありますが、参考になるかしら」と食育のリーフレットを渡したり、「私もちょっと試しに作ってみたんだけど、とっても簡単でおいしかったですよ」と経験談を入れるとよいかもしれません。その際、**保護者がいろいろな情報の中から自分で選んで食事に取り入れられるように配**慮しましょう。

◎ 食育を行事に取り入れる

　利用者全員を対象にした行事の中で、食育に対する保護者の意識を高められるように取り組むとよいでしょう。親子の簡単クッキングや、ミニトマトや芋などの育てやすい野菜の栽培など、利用者全員で取り組めて楽しい行事を考えてみましょう。

　みんなで食べると楽しく、他の利用者のアイデアから家庭の食事の見直しにつながることもあるでしょう。保護者が自分で気づいて工夫できるように、「栄養満点で簡単にできそうですね」など、さりげなく声をかけてみましょう。

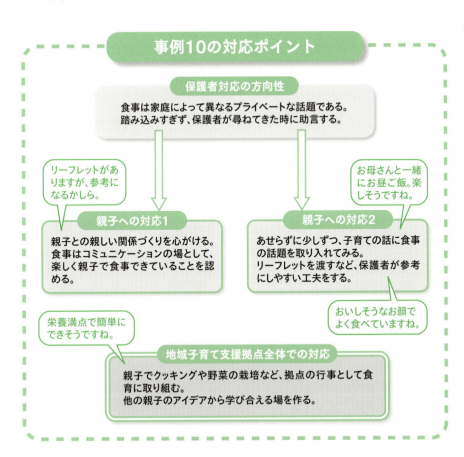

【地域子育て支援者】次にいつ会えるかわからないから、親子への支援が難しい

　地域子育て支援拠点のユズさんには、ずっと気になっている保護者がいます。以前、とても思い詰めた様子で涙ながらに子育ての悩みを話してくれた保護者がいました。

「言っても聞かないので、子どもに声を荒げてしまうことが多い。自分は母親失格だ、子育てがつらい」

　定期的ではありませんが、過去に何回か子育て支援拠点を利用したことのあった保護者でした。以前は、拠点での様子から、穏やかに子どもとかかわれている保護者だと思っていましたが、家ではそうではなかったようです。

　話を聞いて、ユズさんは保護者の気持ちに寄り添いながら、少しずつ親子を支援していこうと思いました。しかしその後、音沙汰がなくなってしまったのです。

　次にいつ会えるかがわからない地域子育て支援において、どのタイミングでどのように支援したらよいのか、ユズさんはすっかりわからなくなってしまいました。もしもその保護者が子どもに虐待をしていたらと思うと、自分の対応が不適切だったのではないかとユズさんは不安になってしまいました。

保護者との関係におけるストレスとその対処法

それぞれの立場から考えてみよう

◎ 地域子育て支援者のユズさんの気持ち

　地域子育て支援は、親子がいつでも利用できる良い面があります。しかしその半面、支援者はその親子がいつ利用するかがわからず、継続的支援の難しさがあります（實川, 砂上, 2016）。ユズさんのように、親子のことを十分に知らないがゆえに、どこまで踏み込んだ支援をすればよいか判断に迷うことがあります。

　明らかに虐待が疑われるならば迷ってはいられませんが、「声を荒げてしまうことが少し多い」という話だと、もう少し時間をかけて保護者の話を聞いたり、一緒に対応できることを考えたいと思うのは当然でしょう。そうした状況において、音沙汰がないと心配になりますね。継続的支援の難しい親子への対応では、支援者の悩みが解消されない状態が続くことがあります。

◎ 保護者の気持ち

　地域子育て支援を利用した際に、支援者に思い余って話したけれど、それが理由で支援者が心配し続けているとは、保護者は気づかないでいるかもしれません。地域子育て支援の場はいろいろな場所にあり、保護者はその日の気分で利用する場所を変えることもあります。

　保護者は真剣に話を聞いてくれたユズさんのおかげで、子育てに対する気持ちが少し楽になったのではないかと思います。その時の苦しい胸の内を吐き出せたこと、聞いてくれたことに感謝しているのではないでしょうか。しかし、根本的な育児不安は変わらず、今後どうしようかと思っているかもしれません。同じ場所でなくても、同じ相談相手でなくても、子育てに対する気持ちが楽になることを願っていることでしょう。

125

| 対応の
着眼点 | 継続的支援が難しい親子の対応に悩む
地域子育て支援者の対応 |

◎ 地域子育て支援拠点内で組織的に支援を行える体制を作る

　支援者は、利用者との一期一会を大切に、いつも利用者の相談に心を傾けて話を聴くことが大切です。そして、支援拠点内の支援者間で利用者に関する情報を共有し、その親子がいつ来ても、どの支援者が相談に応じても、**支援拠点の組織として継続的に支援が行える体制**を作っておきましょう。

　例えば利用者に関する記録ノートを作成し、支援者全員で確認したり、拠点内会議で情報共有したりするとよいと思います。自分があの時…と思わず、拠点内全員で支援していると思えると、気持ちも楽になるでしょう。

◎ 早期介入の必要性の有無は、複数の支援者で確認する

　限られた利用回数でも、保護者の育児不安が強く、不適切な養育や虐待となっていないかどうか、早期介入の必要性の有無を見極めるポイントを確認しておきましょう。子どもがおびえている様子はないか、不自然なけがやあざはないかなど、**子どもの発達の様子や、保護者が子どもにかかわる場面をていねいに観察**して、保護者と子どもの関係の状態がわかると、緊急に対応する必要があるかどうかを判断できます。他の支援者と一緒に複数の視点で確認するようにしましょう。

　緊急の対応が必要でなく、少しずつ時間をかけて保護者の育児に対する不安を軽減する場合には、**保護者が話しやすい場を設定し、ゆっくりと話を聞いて**いくとよいでしょう。その際、子どもが保護者のそばにいると話しにくいのであれば、他の支援者と連携し、一人は子どものそばにつき、もう一人が保護者から話を聞くようにします。

◎ **保健センターや児童相談所、小児科医などの専門機関と連携する**

　まずは、自治体の地域子育て支援拠点の相談窓口と連携し、「次にいつ会えるかわからないが気になる親子」も含めた気になる親子について、情報共有や相談ができる体制を確保しておきましょう。その際、定期的に窓口の担当者と会って話す機会を作っておくと、安心して相談できます。

　その他、子どもの健康診査を行っている保健センターや児童相談所、地域の小児科医などと連携し、目の細かいネットワークを作っていきましょう。緊急の対応が必要な場合と、時間をかけてゆっくりと支援する必要がある場合など、親子の状況によって支援の方法が異なるので、各専門機関と相談できると心強いと思います。

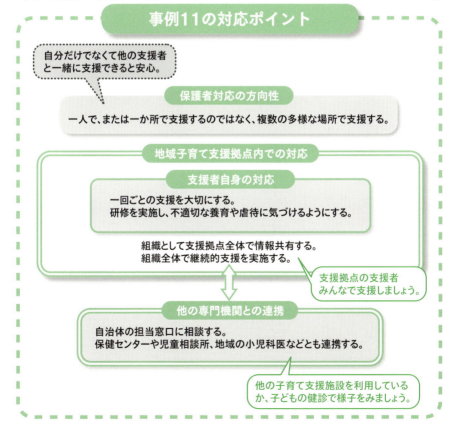

コラム 4

保育経験者・
現役保育者からの
アドバイス

保護者対応は、最初が肝心

私立幼稚園園長
保育者経験17年

　保護者対応で大切なのは、最初の対応です。たとえば園児にけがをさせてしまったら、まず事実をありのまま伝え、保護者の気持ちを汲み取り、謝罪することが必要です。そのうえで、当事者の職員一人でかかえこまずに、園全体で問題を解決することです。

　最近は保護者間のSNSによるトラブルもありますが、防止策として「クラス全体のLINEグループは作らないでください」と、お願いしています。その代わり、親子懇談会を開催して、親同士が話し合う時間と場所を共有するようにしています。

公立幼稚園主任
保育者歴24年

　若い頃は保護者にいろいろと言われて落ち込みましたが、家庭でのさまざまなストレスのはけ口として、保護者はそれを保育者に向けている面があると思うんです。ですから、頭ごなしに保護者を否定するのではなく、まずは受け止めるようにしています。そのうえで、日ごろから「何か気になることがあったら、些細なことでもかまわないので相談してください」と、保護者と園の風通しを良くしておくことが、事態を複雑化させない秘訣だと思います。

第 5 章

保育者のストレス対処
とキャリアデザイン

....

保育者として、笑顔で自分らしく子ども
たちとかかわり続けるためには、ストレ
スとうまくつきあう必要があります。
そこで本章では、心理学の知識に根ざし
たストレスへの対処法と、キャリアデザ
インの観点を紹介します。

1 ストレスとうまくつきあおう
―ストレスとその対処法―

ストレスの存在

　私たちは、生きている限り、ストレスをまったくなくすことはできません。むしろ、常に何らかのストレスにさらされているといってもよいでしょう。例えば、幸せいっぱいにみえる結婚も、ある程度のストレスを感じるライフイベントであるといわれています。現代社会で生きる私たちにとって、ストレスと無縁でいることのほうが難しいでしょう。

　一方、同じ出来事でも、誰もがストレスを同じように感じるとは限りません。例えば、朝、園の廊下ですれちがった同僚にあいさつしたのに、相手からは何も返ってこなかった時。相手を怒らせるようなことをしたかもしれない…と不安になる人や、嫌われているに違いないと落ち込む人もいれば、考えごとをしていて気づかなかったのかもしれないと、あまり落ち込まない人もいるでしょう。楽観的な人、といったその人の性格も関係しますが、相手が「忙しいと自分のことに夢中になりやすい人」といった情報があれば、自分のせいだと思わずにいられるかもしれません。

保育者のストレス対処とキャリアデザイン

　逆に、仕事でうまくいかないことが続いていると、何もかも悪循環しているような気持ちになり、ますます落ち込むかもしれません。

　このように、私たちは自分のもつ情報やおかれた状況からも影響を受け、その対処法もさまざまです。いずれにしても、ストレスフルな状況におかれても、自分なりの対処法をもっていることが大切です。

ストレスに対する自分なりの対処法を見つける

　ストレスと無縁でいることは難しくても、軽くすることは可能です。日ごろから自分にあった対処法を見つけておくといいでしょう。自分の趣味や好きなことのための時間はもちろん、忙しい日々の中で、少しでも気分転換やリラックスできる時間をもつことも大切です。特に一日の終わりは、できるだけゆったりできる時間をもてるように意識しましょう。

　また、ストレスへの対処には、知識やスキルをもつこと、さらに、それらに基づいて工夫をしてみることなども役立ちます。特に保育などの対人援助職は、人との関係から生じるストレスに影響を受けがちです。コミュニケーションについての知識を深めることで、日ごろのやりとりにおいても、工夫できることが増えるかもしれません。また、身体の感覚にも目を向けつつ、心と体のバランスをとりながらストレスの軽減を図るといった方法もあります。

　次頁からは、少し専門的な視点を踏まえてストレスの対処法を考えてみましょう。具体的には、身体への気づきを通してストレス軽減を行うマインドフルネスと対人コミュニケーションの観点から、より良い関係を築くためのアサーション、子どもとの関係づくりに焦点をあてたCAREプログラムを紹介します。

2 自分の体の声を聞こう
―「今ここ」の身体感覚に注意を向けるマインドフルネス―

「今ここ」に注意を向ける

　マインドフルネス（mindfulness）という言葉は、注意深さ、心の集中、瞑想をベースとしたエクササイズなど、さまざまな場面で使われていますが、その起源は、原始仏教の瞑想にあります。心や身体への気づきを養い、「今ここ」に生きるという意味をもっています。

　つまり、将来をあれこれ心配したり、過去をくよくよ悩んだりするより、今この一瞬を大切にしようという考えに基づいています。思考や感情、身体感覚といった自分の内側の状態への気づきを深めること、すなわちマインドフルになることで、ストレスフルな状況への対処がしやすくなるといわれています（スタール&ゴールドステイン, 2013）。瞑想、マインドフルネス呼吸法、ヨガを用いたエクササイズなど、さまざまな練習がありますが、どの練習にも振り返りを行うなどの特徴があります。

保育者のストレス対処とキャリアデザイン

ストレス低減とマインドフルネス

　マインドフルネスアプローチは、不安などの症状やがん患者のストレス軽減などにも役立つとされていますが、これは、今ここで起こっていることに集中することによって、これまで知らず知らずのうちに行ってきたアンバランスな習慣への気づきが促されることと関係しているといわれています。

　思考や感情、身体感覚とストレス反応との関係を意識することは、私たちの日常生活ではあまりないかもしれませんが、自分のストレス反応に気づいたり、思考や感情、身体感覚とのつながりを意識することで、心身のバランスも取り戻せることも指摘されているようです（スタール＆ゴールドステイン, 2013）。

自分の身体の声を聴く

　例えば、約束の時間にぎりぎりなのに交通渋滞に巻き込まれたとき、私たちは、その状況にイライラしたり不安になったりしがちで、全身の緊張、呼吸の乱れなどにはなかなか注意が向かないものです。血圧や心拍の上昇といった隠れた影響にはさらに気づきにくいでしょう。

　しかし、動かない車の列を凝視するばかりでなく、前のめりで肩に力の入った自分の姿勢や、ハンドルを握りしめている手に目を向けることで、今この瞬間の身体の緊張に気づくことができるかもしれません。そして、肩の力を抜き、握りしめていた指の力をゆるめ、呼吸の乱れに気づいて、意識的にゆったりと呼吸をして安定させることで、血圧や心拍の上昇などのストレス反応もゆっくりと正常に戻していくことができるでしょう。

　このように、「今」体験していることをより明確に理解することで、ストレスが与える影響にも気づきやすくなるため、結果として、ストレスへの対処法もより適切になるといわれています。マインドフルネスは、人間関係に対するものを含めて、日常生活の中で取り入れられる視点も少なくないようです。ストレスへの対処法の一つとして知っておくといいでしょう。

3 自分の気持ちに気づこう
―アサーションの3つの自己表現―

アサーションとは？

　職場や家庭など、私たちはいろいろな場面で人とかかわりますが、コミュニケーションがうまくいかないことによってストレスを感じることも少なくありません。ここでは職場をはじめとする大人同士の関係について、さわやかなコミュニケーションのポイントとなるアサーションの視点から考えます。

　日本にアサーションを導入した平木（1993）によれば、アサーションとは「自分の気持ち・考え・意見・希望などを素直に正直に、しかも適切な方法で表現すること」と定義されます。つまり、「相手の基本的人権を侵すことなく、自分の基本的人権のために自己表現すること」であり、自他尊重の精神で行うコミュニケーションということになります（平木, 2009）。

　当たり前のことに聞こえるかもしれませんが、表現するには、まず自分の気持ちや考えに自分自身が気づいていたりわかっていたりする必要があります。その上で、相手も大切にしたコミュニケーションを心がけるわけですから、意外と簡単ではないかもしれません。

アサーションにおける３つの自己表現

私たちの自己表現には、次の３つのタイプがあるといわれます（平木，2009）。

①**非主張的自己表現**：自分の気持ちや考え、言いたいことを大切にせず、言わないことで相手を優先したり相手任せになったりする自己表現。他者優先で思いやりがあるようにも見えるが、相手に理解されないので欲求不満や自己信頼の低下などにもつながりやすく、結果として怒りが蓄積されたりうつ的になったりしやすいコミュニケーション。

②**攻撃的自己表現**：自分の気持ちや考え、言いたいことは大切にしているが、相手を大切にするという点が欠けており、自分の言い分を押し付けたり通そうとする自己表現。自分が正しく優先されるべき、勝ちたいといった考えに基づくので、相手に不快感や軽蔑された感じ、怒りなどを生じさせ、結果として敬遠されやすいコミュニケーション。

③**アサーティブな自己表現**：自分も相手も大切にした自己表現。自分の気持ちや考えを確認し、それを率直に、正直に言葉にすると同時に、相手の気持ちや考え、言いたいことにも耳を傾け対応しようとするコミュニケーション。お互いの意見を出し合ったときに葛藤が起きても、それぞれの考えや気持ちを述べ合い、話し合うことを通じて、お互いに納得した結論を出そうとするため、良い意味での妥協や歩み寄りに到達しやすい。

例えば、仕事が終わり帰る間際、先輩から教室の片づけを手伝ってと頼まれたとします。今日は、友だちと大切な約束があります。あなたはどうしますか？　非主張的な人は、またかと思いつつ「はぁ」と曖昧な返答をして引き受けますが、勝手な先輩に腹立しさを覚えたりします。こういうことが重なると、なんで私ばかりと、攻撃的なコミュニケーションになることも。

一方、アサーティブな人は、用事があるので15分程度なら手伝えます、今日は無理だけれど今度は手伝わせてくださいなど、相手のことも考えつつ、自分の状況を伝えられるので、お互いにさわやかなコミュニケーションになりやすいのです。

4 自分の気持ちに素直になろう
―アサーション度チェック―

バーンアウトを防ぐ

　前ページの3つの自己表現のタイプをみると、それぞれの要素が多かれ少なかれ自分自身の中にもあり、状況や相手によってそれぞれの傾向が強くなることもあることに気づくかもしれません。アサーティブなコミュニケーションは、日頃から意識していることが大切なことも実感できるのではないでしょうか。同僚や先輩など、職場での人間関係の中でもアサーションを意識してみるとどうでしょう。

　保育者は、子どもをケアし守り育てることや、保護者に対して必要に応じた支援を行うことが仕事の多くの部分を占める対人援助職といえます。しかし、援助職という役割を担う保育者といえども、時には元気がなかったり、十分に状況が理解ができていなかったりと、不完全さをもつ一人の人間です。人手が足りずに保育者同士余裕がもてなかったりすると、期待ばかりが高すぎる環境の中で、無理をしている自分に無自覚でいると、バーンアウト（燃えつき）という状況に陥ってしまうこともあります。

保育者のストレス対処とキャリアデザイン

	全然しない	たまにする	時々する	頻繁にする
1. 子どもたちや子どもたちの父母をほめる。	0	1	2	3
2. 他者の努力や労苦などに慰労の言葉かけをする。	0	1	2	3
3. 人と異なった意見をもっているとき、表現する。	0	1	2	3
4. 言動を批判されたとき、きちんと受け、対応する。	0	1	2	3
5. 困ったり緊張しているとき、素直に認める。	0	1	2	3
6. 助言や援助を求められ、できないときは断る。	0	1	2	3
7. 適切な批判を述べる。	0	1	2	3
8. 失敗やまちがいを認め、きちんと対応する。	0	1	2	3
9. 後輩や子どものミスに対し、必要なときは叱る。	0	1	2	3
10. 助けが必要なとき、依頼をしたり交渉したりする。	0	1	2	3

○印の数字を合計してみましょう。30点が最高得点ですが、3に○印がついているものでも、攻撃的になっている場合があります。その場合は、総得点数が低くなると思ってください。自分はどれくらいのアサーションができているか、また、どんなところを改善したらよいか考え、今後の努力目標としましょう。

表5-1　アサーション度チェック表
出典：平木典子「保育者自身の成長」『新保育ライブラリ 子どもを知る 臨床心理学』147頁、北大路書房、2009年

　こうした悪循環を防ぐためにも、自分ができないことや苦手なことを自覚する、また自分の気持ちに率直になろうとすることが大切です。表5-1は、自分のアサーション度をチェックするための項目です。アサーションの考え方を意識することで、自分の状態により自覚的になることができます。自分のケアをすること、そして必要な場合には、他者の援助を求めてケアされることも忘れないようにしたいですね。保育の仕事に限らず、私たちは何かうまくいかなかったり意見が異なったりすると、相手のせいにしたり、変わるのは相手のほうだと思いがちです。しかし、自分とは異なる意見や考えをもつ人からも学ぶことは少なくありませんし、自分の見方や考え方、言動を振り返ったり変える工夫をすることで、思わぬ打開策が見つかることも少なくありません。

137

5 子どもとの絆を深めよう
―CAREが大切にする3つのコミュニケーション―

　保育現場では、関係が築きにくい子どもとのかかわりも重要です。いうことを聞かない、やりとりしにくい、といった子どもとの関係をよくみると、子ども側だけの問題ではなく、周りの大人からの働きかけがうまくいっていないことも少なくありません。ここでは、CARE（Child-Adult Relationship Enhancement）というプログラムから、大人が意識したいコミュニケーションを紹介しましょう。

3つのコミュニケーション

　CAREは、子どもとの絆を深める際に大切とされるコミュニケーションを大人が習得することで、子どもとより温かい関係を築き、また子どもが言うことを聞ける機会を増やすことなどを目的としています。具体的には、「子どもの言葉を繰り返す」「子どもの行動を描写する」「子どもの行動を具体的にほめる」という3つのコミュニケーションを大切に、子どもの声に耳を傾け、適切な（普通の）行動に注目し、大人が関心を向けていることを言葉にすること、さらに、いいところは具体的に示しつつほめよう、というものです。

保育者のストレス対処とキャリアデザイン

　例えば、「お片づけ終わったよ」という子どもに対して、「お片づけがんばって終えたのね」と子どもの言葉を繰り返すと、聞いたよ、がんばったねということが、より子どもに届きます。また、園庭から教室に入る際、靴をそろえて脱いだとき、「靴をそろえて脱いだね」と、子どもの好ましい行動を言葉にすることは、「そんな脱ぎ方はだめ」と、できていない時に叱るよりも適切な行動の学習に効果的です。さらにいいなと思ったことに、気持ちを込めて「靴をそろえてくれてとっても気持ちがいいなぁ」とほめることで、何がよかったのかを具体的に伝えることができます。

適切な指示の出し方を身につける

　わかりやすい指示も大切です。たとえば、2歳の子どもに「タオルと着替えと水着を持って廊下に1列に並んでください」と指示した時、最後の「並ぶ」だけは覚えていて、何も持たずに並ぶ子どもはいませんか。幼児は大人と比べて、記憶できる力が十分に発達していません。覚えられないために従えないのは、言うことを聞かないこととは異なります。指示を1回に1つにすれば、子どもも指示に従いやすくなります。

　また、「走らないで」よりも、「静かに歩こうね」「先生の隣に来て手をつないで」と言うほうが、何をすべきかが具体的になるので、子どもが従うチャンスが増えます。

大人が知ること、学ぶこと

　保育者をはじめ、子どもとかかわる大人自身がこうした知識やスキルを身につけ、日頃の子どもたちとのコミュニケーションを振り返ることで、大人の側に新たな工夫が見つかり、その子どもの良い点に気づかされることが増えるかもしれません。結果として、子どもとのやりとりにも良い循環が生まれることでしょう。

　自分の中の引き出しが増えていくような楽しい研修会に参加するのも、うまく活用すれば自分の余裕や成長につながりますね。

6 保育者の成長とキャリアデザイン

仕事をとりまく状況の変化

　ここまで、ストレスへの対応やセルフケア、コミュニケーションなどを中心に考えてきました。保育者としてストレスとどのように向き合っていくのかは、自身のキャリアデザインのプロセスを考える際にも大切です。そこで、保育者としてのキャリアデザインという視点からストレスを考えてみましょう。

　現在、結婚や出産後も仕事を継続する女性は、子どものいる世帯の6割以上を占めるようになり（厚生労働省, 2016）、女性にとっても男性にとっても自分の中で仕事をどう位置づけ、どのような意味を見出すかが大切なテーマになっています。

　また、平均寿命が伸びる中で、職業人生活をいつまでどのように続けるかも、個人にとどまらず社会全体で大きな課題となりつつあります。そこで、保育の仕事や保育者であることについて、仕事や人生といったより広い視点からとらえ直してみます。

キャリア（生き方）デザインという考え方

　キャリアという言葉に、なじみがある方も多いでしょう。近年はキャリアデザイン、キャリア形成という言葉を耳にする機会も増えてきました。キャリアには、職業、職業的経歴という意味がありますが、「仕事を含めた人生全体」「人が生涯を通じてもつ立場の連続」といった意味も含まれるとする考え方もあります（スーパー, 1980）。

　こうした考えに基づくと、自分がどういう生き方を選択するか、生き方そのものを自らに問いかけることが、キャリアを考えることといえます。さらに、どのような仕事に就き、家庭生活や個人の時間とどのようにバランスをとりながら働くのかといったテーマを含む、生涯を通じた自己概念の発達と実現の持続的なプロセスは、広い意味でのキャリアデザインとして考えることができるでしょう。

外的環境とキャリアデザイン

　また、キャリア形成について考えるときに忘れてはならないのが、時代や社会、経済、文化といった私たちをとりまく環境からの影響です。

　少子化現象の一方で、近年、待機児童の問題とともに、保育者不足も指摘されています。それに伴い、保育者の待遇改善の問題についても議論されるようになりました。感情労働を伴う保育者の負担の現状やそれに対する改善の必要性が指摘される中で、保育者支援のありようも今後ますます重要な視点となってくるでしょう。

　また、保育所と幼稚園のありかたもこの10年でずいぶん変化しつつある中で、保育士という資格や立場が今後どのようになっていくか、制度的な側面も含めて、保育者自身に直接かかわることが少なくありません。私たちが仕事をしていくうえで、どのような生き方を選ぶかについて考える際、個人や職場の問題はもちろん、こうした社会の状況も直接・間接的にかかわってくるといえるでしょう。

7 人生における役割の変化と保育者としてのキャリアデザイン

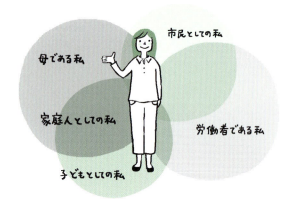

ライフ・キャリア・レインボーと役割の変化

　図5-1は、ライフ・キャリア・レインボーとよばれるものです。人の人生を左から右へと時間の流れとともに示しており、数字は年齢を表します。これを見ると、私たちは人生の中で年齢やさまざまな発達段階に応じて多様な役割を担っていること、そしてそれらが変化していくことがわかります。多くの場合、人生には6つほどの基本的な役割があり、成人期以降は役割の数が増えていくとされています。

　また、網掛けの部分は、その役割の比重を示しています。例えば若手保育者の時代は、家庭人という役割はあまり意識しないかもしれませんが、中堅の時期になると、結婚や子育てといったライフイベントを経験することも増え、それに伴って家庭人としての役割に充てる時間やエネルギーもより必要となる場合も多いでしょう。

　一方、働き盛りの時代にも、子どもとしての役割があることなどに気づかされます。自身も親として子育てをしつつ、子どもとしての役割があること

保育者のストレス対処とキャリアデザイン

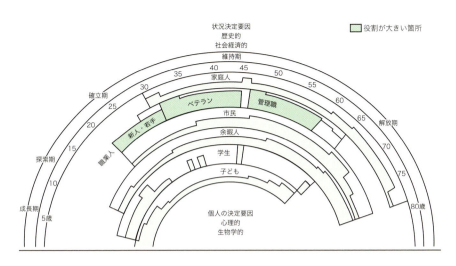

図5-1　ライフ・キャリア・レインボー　　スーパーら, 1996を一部改変

に気づかされます。自身も子育てをしつつ、子どもとして親のケアが必要になることがあるかもしれません。そのような場合は、この時期に余暇人としての役割もあることがわかっていても、求められるものが多い中で、自分の余暇時間をもつこと自体が難しい場合もあるでしょう。さまざまな調整や、人に助けを求めたり頼ったりということが、より大切になるかもしれません。

　このように、改めて自分の人生を時間軸に沿って少し遠くから広く眺めると、これらの役割や状況は、どれも日々の自分の生活に影響するものであることがわかるでしょう。職業継続について悩んでいる場合も、自分のストレスはどこから来ているのか、職場の人間関係だけによるものなのか、それとも多重な役割を担う中で、そのやりくりに苦労していることも関係しているのかなど、自分の状況を少し客観的に見てみるができるかもしれません。

　その中で、保育者という役割を担う今の自分にとって、大切にしたい事柄は何か、どんな生き方をしたいのかなどと考えてみることも意味があるでしょう。

　これからの自分の人生を、キャリアデザインという視点からどのように描いていきたいのか。自分にそんな問いかけをしてみるのも、意味があることでしょう。

8 長期的な視点から人生の「今」を考える

保育者としての成長

　ライフ・キャリア・レインボーに描かれる職業人としての時間は、長さもそのパターンも人それぞれです。その過程で、やりがいを感じて仕事に向き合えることもあれば、迷いや悩み抱え、離職を真剣に考えることもあるかもしれません。ここでは、経験年数や役割などを念頭に、保育者としての成長という視点から、その過程を改めて考えてみましょう。

■ 初心者マークの段階

　学校を卒業し、ひとたび現場に出れば保育者という専門家としての役割を担うわけですが、そのことは専門家として一人前ということとは異なります。特に最初の1年間は、春夏秋冬と季節を一巡する中で、職場の環境に少しずつ慣れながら、仕事の進め方や流れもようやくひととおり見えてきますが、その過程で、仕事の難しさや葛藤を感じることもあるでしょう。

　この時期は、前頁の図5-1では、職業人としての自分を手探りしながら模索

保育者のストレス対処とキャリアデザイン

する、まさに確立期とされており、それゆえの大変さや困難を感じることも決して少なくありません。アルバイトの経験はあったにせよ、職業人として子どもとかかわる専門家としての責任はやはり重く、体力面も含めて、収入を得ることの大変さを改めて感じるかもしれません。

　一方で、数年先をいく先輩たちの姿はどうでしょうか。自分より経験豊かで余裕があって…とずいぶん違って見えることも多いでしょう。でも、先輩たちにも同じような手探りの時期があって今があるのです。試行錯誤しながら子育てする中で、親らしくなっていくのと同じように、子どもや保護者、また同僚や先輩とかかわり、時間と経験を積み重ねる中で、少しずつ保育者らしくなっていくのです。

　初心者マークの時期は、周りの先輩たちからもいろいろなことを吸収しつつ、3年後、5年後、10年後の自分の姿を想像してみることも大切でしょう。

■中堅として支え、支えられる段階

　「石の上にも三年」という言葉のように、3年ほど経つと、子どもの発達の様子も、体験を伴ってひととおり理解できるようになってきます。後輩保育者も働きはじめ、5年も経てば中堅としてみられることが増えてくるでしょう。

　すると、保育の基本をわきまえた上で、少しずつ全体を見る余裕も出てきますが、一人で何もかもできるわけではありません。むしろ、人の育ちにかかわる仕事の奥の深さが見えてきたり、自分の思い描いてきたことと現実とのギャップにさまざまな思いを抱くようになったりと、迷いや葛藤を感じることでしょう。しかしこれは、自然なことではないでしょうか。

　時に、自分が保育の道を志した頃を思い出しつつ、これまでのがんばりを振り返ってみることで、自分なりの成長に気づくかもしれません。また、研修に参加して学びや気づきを深めることはもちろん、同僚や先輩、自分のことをよく知る友人と話してみると、自分には見えていなかった変化や成長に気づいたり、新たな視野が開けることがあるかもしれません。

　さらにこの時期は、ライフ・キャリア・レインボーを見てもわかるように、

家庭人としての役割など、より多くの役割に従事することが少なくありません。特に子育て、つまり親としての役割が生じる場合は、そのやりくりが大変な時期でもあるでしょう。もっと仕事にかかわりたいと思っても、思うようにいかなったり、周りに迷惑をかけていると感じることもあるかもしれません。

しかし、ライフ・キャリア・レインボーにも示されているように、ずっと同じ状況が続くわけではありません。子育てがひと段落すれば、家庭人としての役割は相対的に低くなっていきます。時間とともに役割の重みづけや優先順位は変わりうることも含めて、支え合いつつ長期的な視点を忘れないようにしましょう。

■リーダーとしての役割をもつ段階

10年、15年と経験を積んでくると、リーダー的な存在とみなされるようになり、後輩の指導などの仕事も増えてきます。経験にともない、自信をもってこなせることも多くなるでしょう。

とはいえ、自分の憧れとしてきた保育者像や理想の保育にはいまだ遠いなぁという思いをもったり、責任の伴う仕事が増える中で、管理職と若手との板挟みを経験することも出てくるかもしれません。人によっては、体力的にも昔のようには疲れがとれないなど、若い時より健康管理の大切さを一層感じるかもしれません。また、親の介護など、自分自身が子どもとして果たす役割が生じることも増えてきます。

保育の現場では、これまでの経験でカバーできることも増えてきていることでしょう。一方で、接し方に悩む子どもとのかかわりや、多様な状況にある家族への理解など、保育の仕事にかかわる中で、新たな疑問や課題が日々生じるものです。ですから、一人前になったと思われる後も絶えず研鑽を積むことは大切ですし、自分の得手不得手、できることとできないことをわきまえつつ、必要に応じて同僚や他の専門家と力を合わせていく姿勢が求められます。

保育者のストレス対処とキャリアデザイン

　出会う子どもたちが変わっていくのと同様、何年経っても新しい出会いや発見があり、その中で専門家としてさらに変化し成長していく可能性を秘めているといってもよいでしょう。

チームとしての保育者の関係

　どの段階にも共通して言えることは、今だけに注目せず、長期的な視点を持ちつつ、保育者同士が支えあえる関係を築けることでしょう。このことは、お互いのやりがいにも影響を与えます。そのためにも、経験の異なる保育者同士、縦のつながりも意識しながら、困った時には相談しやすい関係を築いておくことも必要です。

　経験豊かな保育者が若手の保育者から刺激を受けることもあるでしょう。保育者同士の関係は、経験や持ち味の異なった者同士が互いに影響しあい、時にはカバーしあうチームであるといえるでしょう。

9 多様な道筋を視野に入れる

途中下車という道もある

　どんな仕事にも言えることですが、保育者の仕事も、場合によって、必要に応じて環境を変えたり途中下車するなど、多様な道筋の可能性があります。特に、行き詰まりを感じたら、継続するか辞めるかだけではなく、横に逸れたり立ち止まるということもあるでしょう。

　保育者として子どもとかかわりたいという強い気持ちでスタートした仕事も、職場環境をはじめいろいろな理由で継続が難しい場合があるでしょう。自身の子育てなどを機に、いったん辞める場合も少なくありません。幸い資格があれば、(保育所や園など)職場を変える、一度保育の現場から離れてその後、再び戻るといった選択も可能です。

　その際、自分の気持ちや考えを大切に、その後の展望を描きつつ決断することが大切です。

保育者のストレス対処とキャリアデザイン

学びを深める

　保育者にとって研修の機会はとても貴重ですが、仕事を続けながら夜間大学院に通ったり、仕事を辞めて大学や大学院に入学するといった方法で、学びを深める道もあるかもしれません。

　例えば、保育者として子どもとかかわる中で、子どもの心の発達に関心をもち、心理学や教育学といった理論的側面を改めて学び直すことで、子どもや子どもと保育者との関係を理解する視点がより豊かになったり、保育環境について現場の取り組みを幅広く知ることで、子どもにとっての環境づくりの視点を得ることもあるでしょう。職場経験を経たからこそ生じてきた問題意識を大切に、さらに、その視点を活かした体系立った学びが現場経験と結びつき、保育の中で実感を伴いながら還元できることも少なくないはずです。

　人とかかわる仕事ですから、正解は一つではありません。さまざまな学びを積み重ねる中で、目の前の子どもとのかかわりにも幅が広がり、保護者対応にも余裕が出てくることが期待されます。

縦に横に広がりながら

　保育の現場は日常的に慌しく、突発的なことが生じれば、保育者も抱えきれないほどのストレスを感じることになります。そこで、仕事以外のオフの時間をどれだけリラックスして過ごせるかが大切です。学生時代の仲間や、大人になってからできた人間関係や地域のつながりなど、仕事とは異なる領域の人と接する時間を意識して気分転換するようにしましょう。

　平均寿命が延び、職業人としての役割が終わったあとの時間も長くなった現代社会の中で、自分の人生をどのように描いていくかがますます大切なテーマになっています。

保育経験者・現役保育者からの **アドバイス**

コラム ⑤

起業の良さとは？

小規模保育所代表
保育者歴6年

　最近は起業して保育所を運営する方が多くなりましたが、自分自身の経験からいえば、福祉で利益目的の起業は難しいです。オススメしません。私は保育現場で疑問に感じたことを改善し、保育について発信したい思いから起業しましたが、今は組織に属していても、インターネット等で個人で発信できる時代でもあります。ただ、起業することでいろいろな業界の方と会う機会が増え、保育業界では得られない価値観や時代の流れを知り、広い視点で保育が実践できます。毎日が刺激的です。

企業内保育所勤務
保育者歴27年

　自分に子どもが産まれてからしばらくの間、幼稚園教諭を辞めて子育てサークルを運営していました。その時、他の保護者の悩みを一つひとつていねいに聞くことで、幼稚園教諭として働いているときには気づくことができなかった保護者の悩みを知ることができました。
　出産以前は園の子どもにあまり感情移入ができなかったのですが、子どもや保護者の気持ちを知ることで、保育に対する見方が広がった気がします。

文献

第1章

- 衛藤真規「保護者との関係に関する保育者の語りの分析─経験年数による保護者との関係の捉え方の違いに着目して─」『保育学研究』第53号第2号、.84〜95頁、2015年
- 藤澤啓子・中室牧子『保育の「質」は子どもの発達に影響するのか─小規模保育園と中規模保育園の比較から─』RIETI（独立行政法人経済産業研究所）、2017年（http://www.rieti.go.jp/jp/publications/summary/17010007.html）情報取得日2017年1月31日
- 實川慎子「"ママ友"ってどんな友」『母の友』2017年5月号、福音館、2017年
- 實川慎子・砂上史子「地域子育て支援における支援者の困難感とその対処」『乳幼児教育学研究』第25号，35〜46頁、2016年
- 株式会社ポピンズ『平成23年度 厚生労働省委託事業　潜在保育士ガイドブック─保育士再就職支援調査事業・保育所向け報告書─』2015年（http://www.mhlw.go.jp/stf/seisakunitsuite/bunya/kodomo/kodomo_kosodate/hoiku/）2017年5月9日情報取得
- 垣内国光「政策課題としての保育労働研究の意義」垣内国光・義基祐正・川村雅則他編『日本の保育労働者：せめぎあう処遇改善と専門性』ひとなる書房、2015年
- 神谷哲司 「保護者とのかかわりに関する認識と保育者の感情労働─雇用形態による多母集団同時分析から─」『保育学研究』第51巻第1号、83〜93頁、2013年
- 厚生労働省「待機児童解消加速化プラン」（平成25年6月6日報道発表資料）、2013年（http://www.mhlw.go.jp/stf/houdou/2r98520000033u1z.html）
- 厚生労働省「保育士確保プラン」（平成27年1月14日報道発表）、2015年a（http://www.mhlw.go.jp/stf/houdou/0000070943.html）情報取得日2016年10月1日
- 厚生労働省「保育士等確保対策検討会第3回（平成27年12月4日）」参考資料1「保育士等に関する関係資料」2015年b
- 厚生労働省「保育所等関連状況取りまとめ（全体版）PDF」（平成29年9月1日報道発表）、2017年a、（http://www.mhlw.go.jp/file/04-Houdouhappyou-11907000-Koyoukintoujidoukateikyoku-Hoikuka/0000176121.pdf）情報取得日2017年9月7日
- 厚生労働省「保育士確保集中取組キャンペーン」（平成29年1月17日報道発表）、2017年b（http://www.mhlw.go.jp/stf/houdou/0000148745.html）情報取得日2017年1月18日
- 厚生労働省『保育所保育指針』フレーベル館、2017年
- 久保山茂樹・齋藤由美子・西牧謙吾・常島茂登・藤井茂樹・滝川国芳「「気になる子ども」「気になる保護者」についての保育者の意識と対応に関する調査─幼稚園・保育者への機関支援で踏まえるべき視点の提言─」『国立特別支援教育総合研究所研究紀要』第36巻,55〜76頁、2009年
- 宮下敏恵「保育士のバーンアウト傾向に及ぼす要因の検討」『上越教育大学紀要』第29巻,177〜186頁、2010年
- 文部科学省「平成25年度学校教員統計調査」2013年、（http://www.mext.go.jp/component/b_menu/other/__icsFiles/afieldfile/2015/03/27/1356146_3.pdf）情報取得日2016年10月1日
- 内閣府「子育て安心プラン」（平成29年6月2日報道発表資料）2017年、（http://www8.

cao.go.jp/shoushi/shinseido/administer/office/pdf/s66-2.pdf）情報取得日2017年6月3日

- エドガー・H・シャイン、二村敏子・三善勝代訳『キャリア・ダイナミクス：キャリアとは、生涯を通しての人間の生き方・表現である』白桃書房、1991年
- 重田博正『保育職場のストレス―いきいきした保育をしたい！』かもがわ出版、2010年
- 玉瀬耕治「第21章　ストレスと心的障害」無藤隆・森敏昭・遠藤由美・玉瀬耕治『心理学』449～469頁、有斐閣、2004年
- 谷川夏実「新任保育者の危機と専門的成長―省察のプロセスに着目して―」『保育学研究』第51巻第1号、105～116頁、2013年
- 東京大学発達保育実践政策学センター『2016年度発達保育実践センター公開シンポジウム「今、日本の保育の真実を探る～九万人の保育者と千七百カ所の自治体関係者の声を聴く」』資料（2016年9月17日）、2016年

第2章

- A. R. ホックシールド、石川准・室伏亜希訳『管理される心 —— 感情が商品になるとき ——』世界思想社、2000年
- 池迫浩子・宮本晃司、ベネッセ教育総合研究所訳『家庭、学校、地域社会における社会情動的スキルの育成　国際的エビデンスのまとめと日本の教育実践に対する示唆 OECD』2015年（http://berd.benesse.jp/feature/focus/11-OECD/pdf/FSaES_20150827.pdf）
- 岩壁茂「感情って何？：生物として生き残るための手段」『季刊Be！118号　特集―心・身体・ことば　自分の感情わかりますか？』16～20頁、アスク・ヒューマン・ケア、2015年
- ジェームズ・J・ヘックマン、古草秀子訳『幼児教育の経済学』東洋経済新報社、2015年
- ジェフ・A・ジョンソン、尾木まり監訳、猿渡知子・菅井洋子・高辻千恵ほか訳『保育者のストレス軽減とバーンアウト防止のためのガイドブック：心を元気に笑顔で保育』福村出版、2011年
- 神谷哲司「保護者とのかかわりに関する認識と保育者の感情労働―雇用形態による多母集団同時分析から―」『保育学研究』第51巻第1号、83～93頁、2013年
- 厚生労働省『保育所保育指針』フレーベル館、2017年
- 香曽我部琢・高橋真由美・草信和世ほか「シンポジウムⅡ 保育者の感情労働①：子どもの遊びを支える営みから」諏訪きぬ監『保育における感情労働』41～70頁、北大路書房、2011年
- Mayer, J. D., &Salovey, P. 1997 What is emotional intelligence? In P. Salovey& D. Sluyter（Eds.）Emotional development and emotional intelligence: Implications for educators. New York : Basic Books. pp.3-31.
- 水澤都加佐『仕事で燃えつきないために～対人援助職のメンタルヘルスケア』大月書店、2007年
- 中坪史典・小川晶・諏訪きぬ「高学歴・高齢出産の母親支援における保育士の感情労働プロセス」『乳幼児教育学研究』第19号、155～166頁、2010年
- 中坪史典・高橋真由美・小川房子「シンポジウムⅠ　保育における感情労働」諏訪きぬ監『保育における感情労働』北大路書房、13～39頁、2011年
- 奈良修三・石田由紀子・田窪玲子他「シンポジウムⅢ　保育者の感情労働②：子どもの生活を支える営みから」諏訪きぬ監『保育における感情労働』北大路書房、71～104頁、2011年
- 太田光洋・太田富美枝「保育者同士の関係 —— 感情のずれを乗り越える力―」『発達』第30巻第118号、30～36頁、2009年

- 諏訪きぬ監『保育における感情労働』北大路書房、2011年
- 坂上香『アミティ「脱暴力」への挑戦　傷ついた自己とエモーショナルリテラシー』日本評論社、2002年

第3章

- 當銀玲子「保育者のつまずきを通しての成長―悩む過程を支える同僚・上司等の人間関係と自己の在り方―」白梅学園大学大学院子ども学研究科2016年度修士論文、2017年

第4章

- Droter, D., Baskiewicz, A., Irvin, N., Kennell, J., & Klaus M. 1975 The adaptation of parents to the   birth of an Infant with a congenital malformation. A hypothetical Model Pediatrics,56(5), pp.710-717.
- 實川慎子・砂上史子「母親自身の語りにみる『ママ友』関係の特徴」『保育学研究』第51巻第1号、94〜104頁、2013年
- 實川慎子「子育てをとりまくネットワーク：母親のママ友ネットワークの特質」『発達』第35巻140号、65〜70頁、2014年
- 實川慎子・砂上史子「地域子育て支援における支援者の困難感とその対処」『乳幼児教育学研究』第25号、35〜46頁、2016年
- 厚生労働省「病児・病後児保育制度の概要」2009年（http://www.mhlw.go.jp/shingi/2009/09/dl/s0930-9e_0003.pdf　2017/09/26）情報取得日2017年7月7日
- 厚生労働省『保育所保育指針』フレーベル館、2017年
- 文部科学省『幼稚園教育要領』フレーベル館、2017年
- 内閣府「地域子ども・子育て支援事業について」2015年
（http://www8.cao.go.jp/shoushi/shinseido/administer/setsumeikai/h270123/pdf/s3-1.pdf）情報取得日2017年7月7日
- 内閣府・文部科学省・厚生労働省『幼保連携型認定こども園教育保育要領』フレーベル館、2017年
- 八木義雄監・北九州市保育士会編『自我の芽生えとかみつき』蒼丘書林、2013年

第5章

- CARE　https//www.care-japan.org/
- 平木典子『アサーション・トレーニングーさわやかな〈自己表現〉のためにー』日本・精神技術研究所、1993年
- 平木典子「保育者自身の成長」無藤隆・福丸由佳編著『新保育ライブラリ　子どもを知る　臨床心理学』129-147頁、北大路書房、2009年
- 厚生労働省「国民生活基礎調査」2016年
- ボブ・スタール、エリシャ・ゴールドステイン、家接哲次訳『マインドフルネス・ストレス低減法ワークブック』金剛出版、2013年
- Super, D. 1980 A life-span, life-space approach to career development. Journal of Vocational Behavior. 16, pp.282-296.
- D. E. Super. M. Savickas, and S. C. Super. "Life-Span,Life-Space Approach to Careers," inD. Brown. L. Brooks. and Associates (eds),Career Cboice and Development. (3rd ed.) (p. 127) San Francisco: Jossey-Bass. Inc., Publishers, 1996. Reprinted by permission

◉編著者

砂上史子（すながみ ふみこ）　第1章・第2章
千葉大学教育学部准教授。専門は保育学。主な著書に
『ここがポイント！3法令ガイドブック』（共著、フレーベ
ル館、2017年）、『保育学講座3 保育のいとなみ』（共著、
東京大学出版会、2016年）などがある。

◉執筆

當銀玲子（とうぎん れいこ）　第3章
淑徳大学総合福祉学部非常勤講師

實川慎子（じつかわ のりこ）　第4章
植草学園大学発達教育学部講師

福丸由佳（ふくまる ゆか）　第5章
白梅学園大学子ども学部教授

保育現場の人間関係対処法
事例でわかる！　職員・保護者とのつきあい方

2017年11月 1日　発行
2019年 8月10日　初版第2刷発行

編 著 者　砂上史子
発 行 者　荘村明彦
発 行 所　中央法規出版株式会社
　　　　　〒110-0016 東京都台東区台東3-29-1中央法規ビル
営　　業　Tel03（3834）5817　Fax03（3837）8037
書店窓口　Tel03（3834）5815　Fax03（3837）8035
編　　集　Tel03（3834）5812　Fax03（3837）8032
　　　　　https://www.chuohoki.co.jp/
印 刷 所　株式会社ルナテック
装　　丁　Boogie Design
イラスト　秋葉あきこ

定価はカバーに表示してあります。

ISBN978-4-8058-5586-7

本書のコピー、スキャン、デジタル化等の無断複製は、著作権
上での例外を除き禁じられています。また、本書を代行業者等
の第三者に依頼してコピー、スキャン、デジタル化することは、
たとえ個人や家庭内での利用であっても著作権法違反です。

落丁本・乱丁本はお取替えいたします。